I0416624

"Dedico este livro de colorir às mentes jovens e criativas que mergulharão neste mundo mágico de cores e imaginação. Que cada traço, cada matiz e cada pincelada inspirem alegria, aprendizado e momentos inesquecíveis".

Thiago
2024

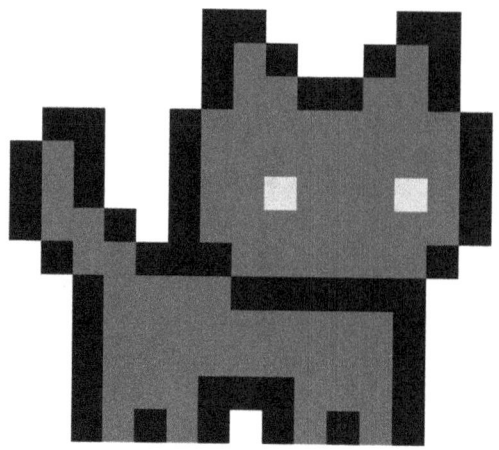

Esse livro pertence à:

●————————————————————————————————————●

T.H

All nights reserveds

Todos os Direitos Reservados©

Todos os direitos reservados. Este ebook ou qualquer parte dele não pode ser reproduzido ou usado de forma alguma sem autorização expressa, por escrito, do autor ou editor, exceto pelo uso de citações breves em uma resenha do ebook.

Teste de cor

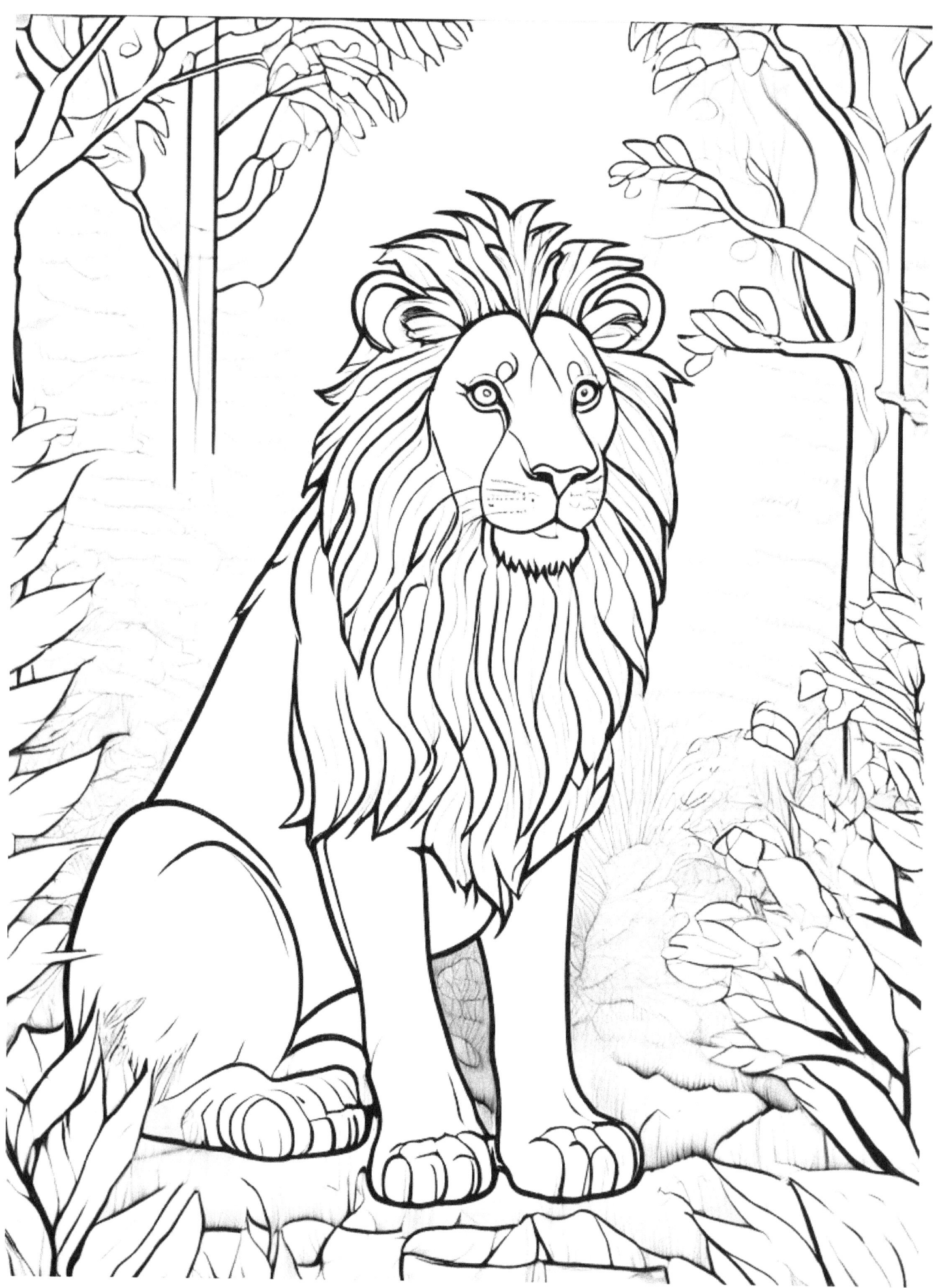

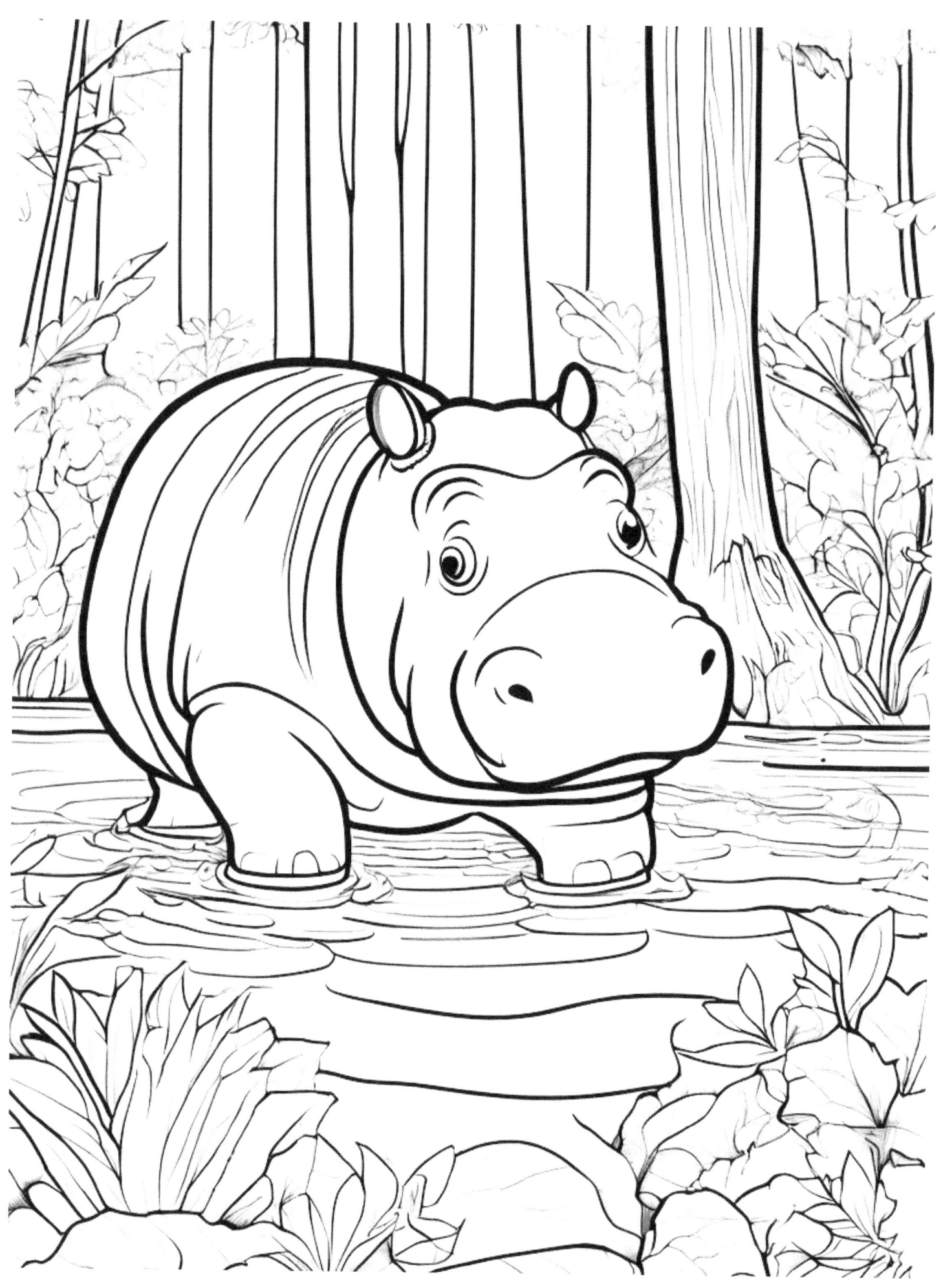

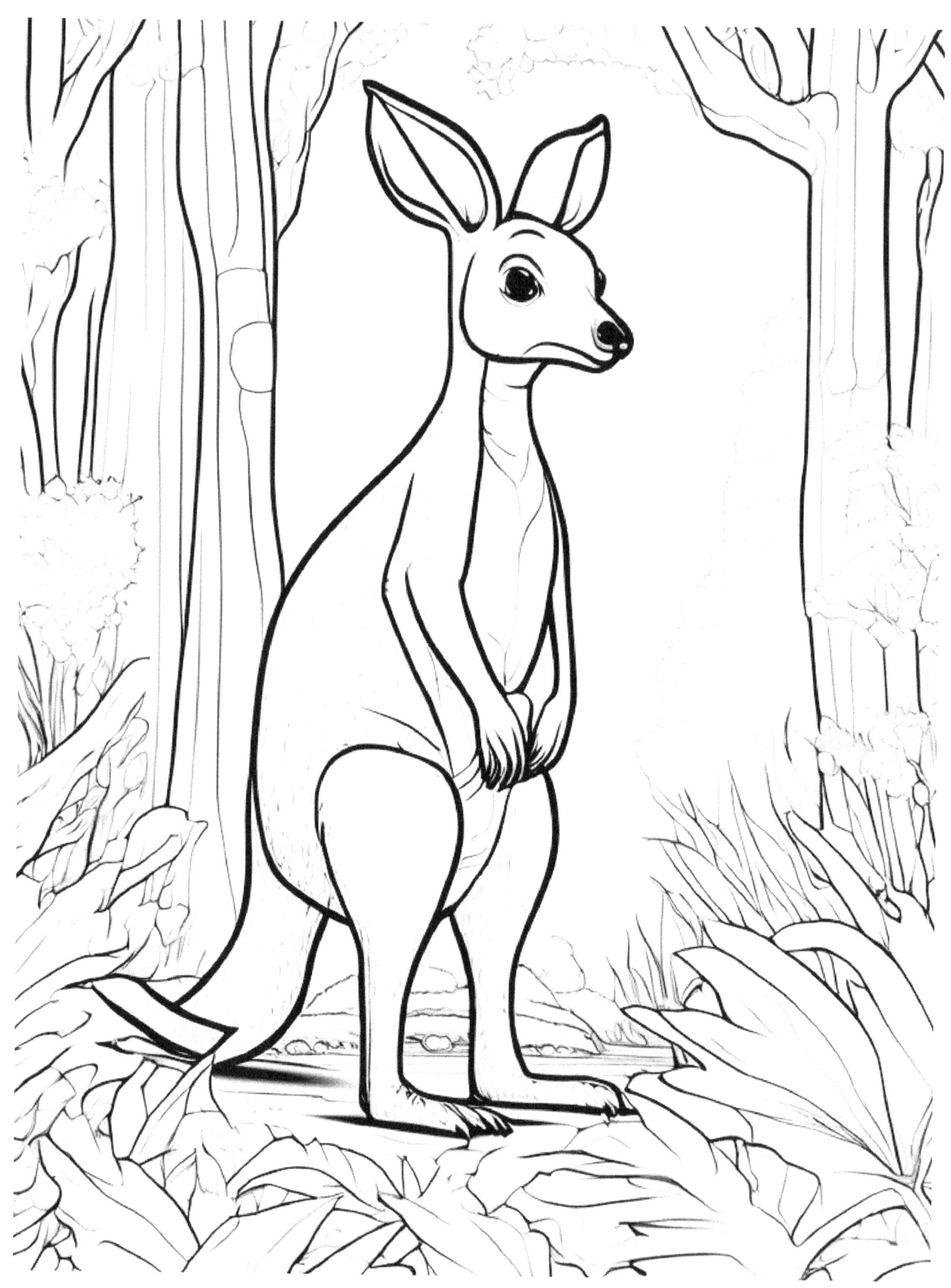

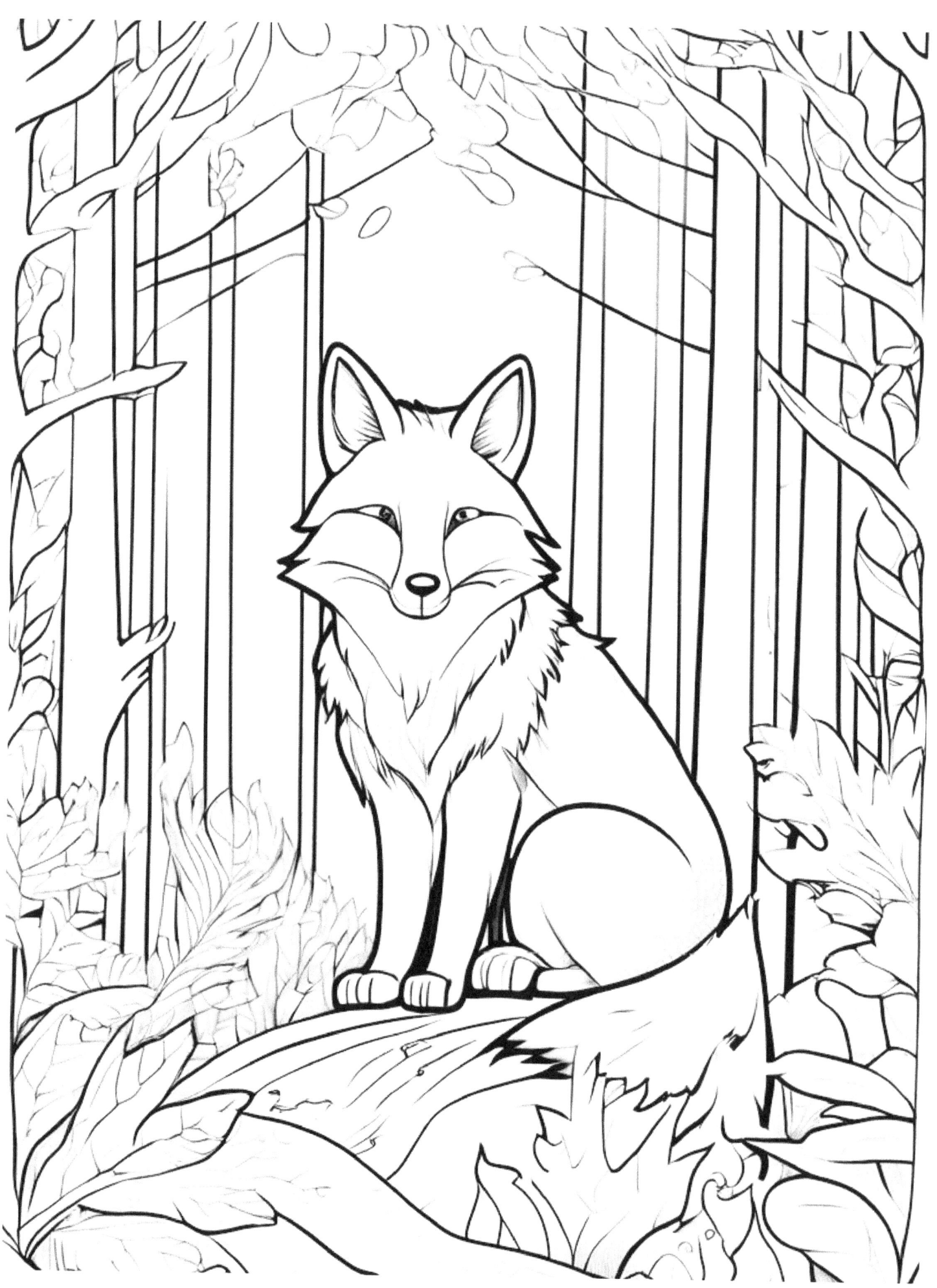

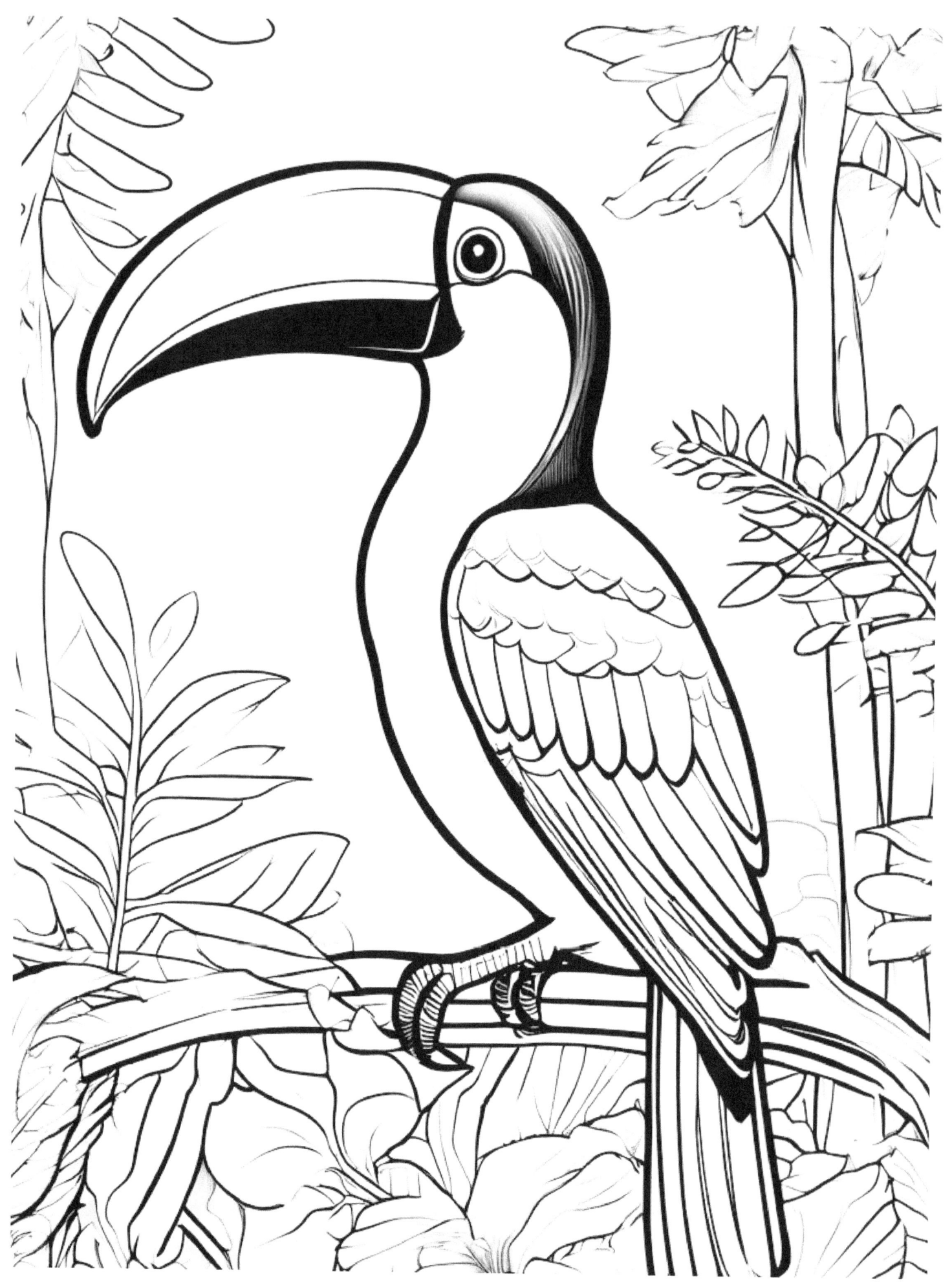

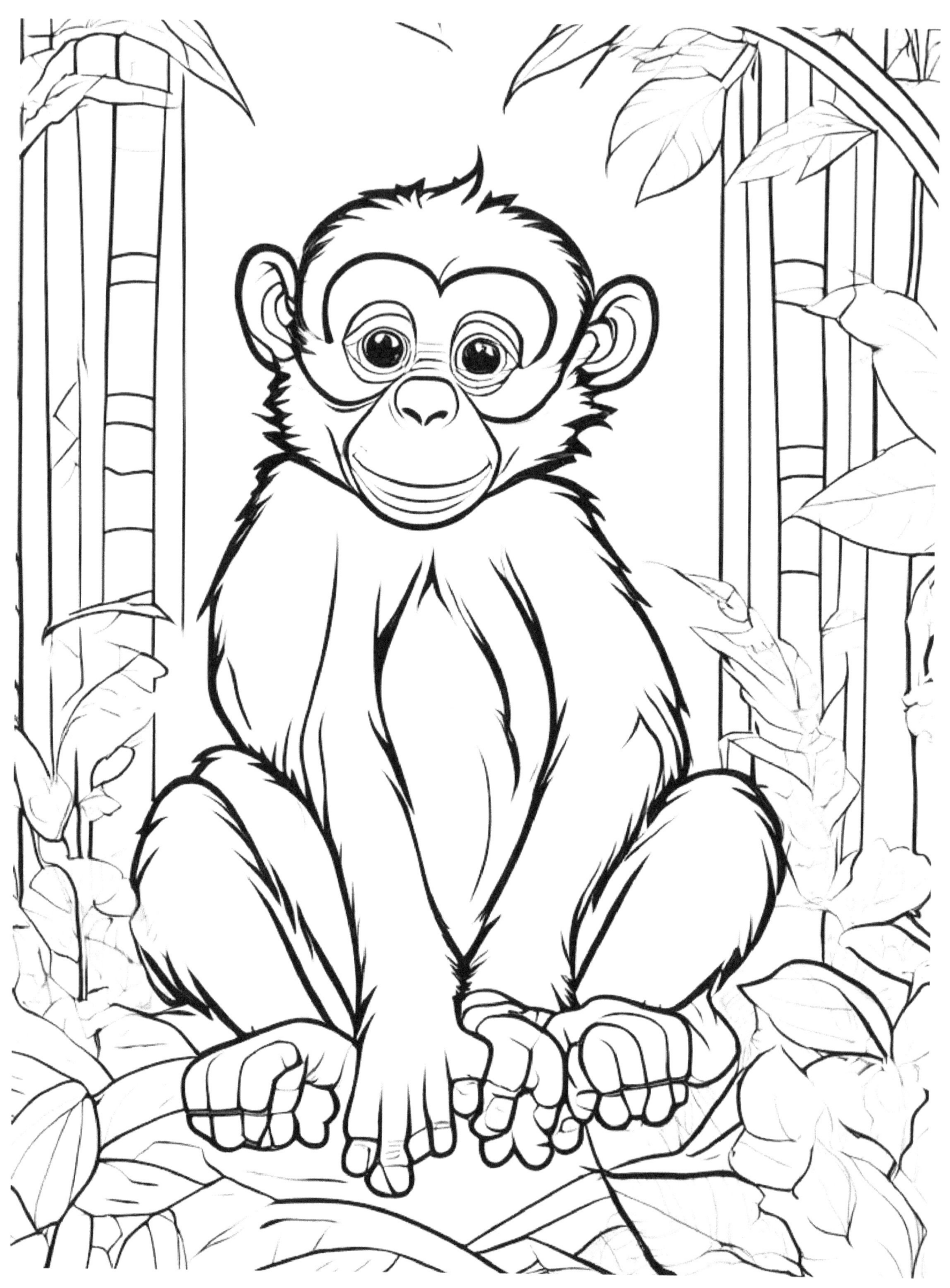

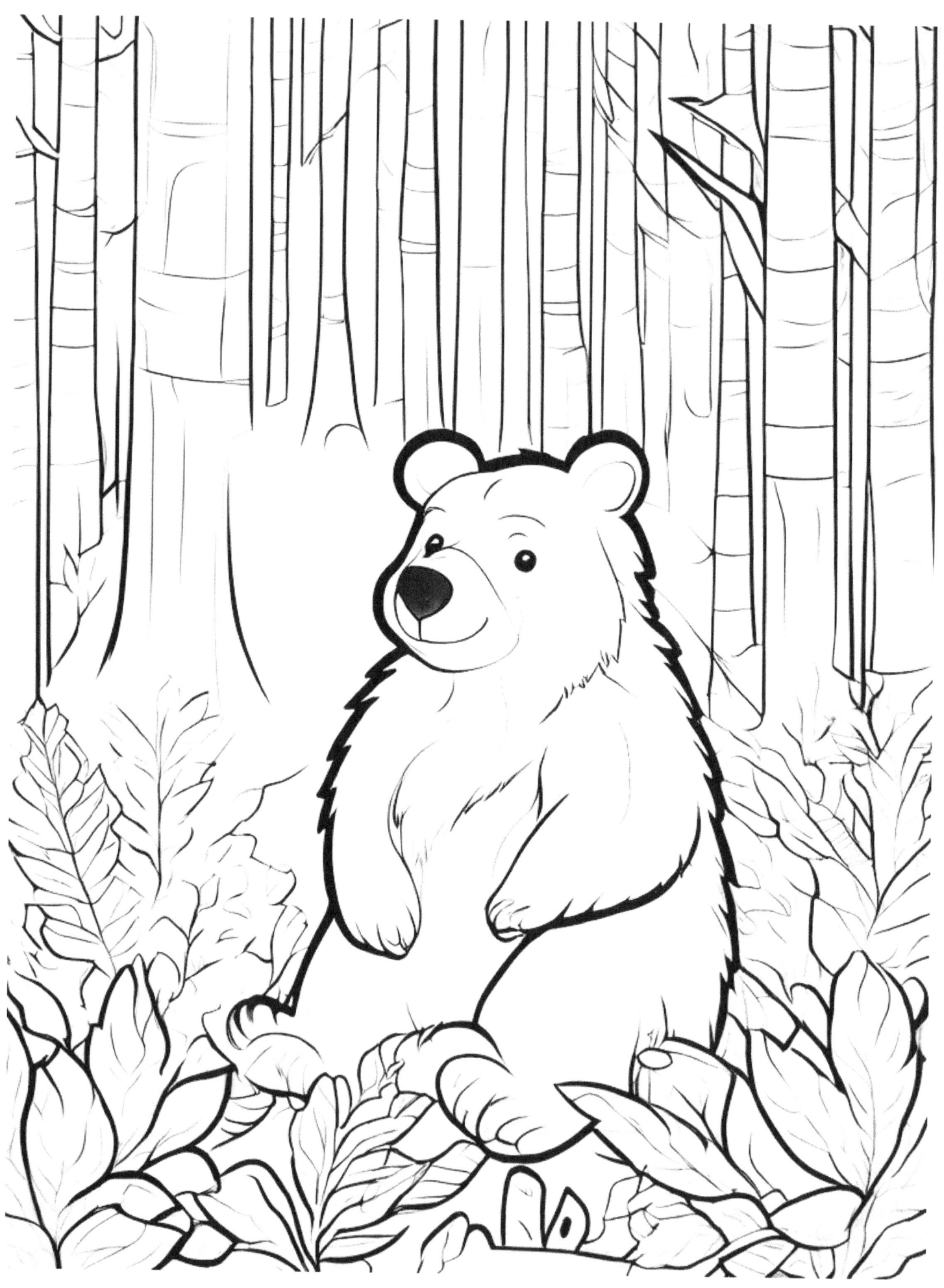

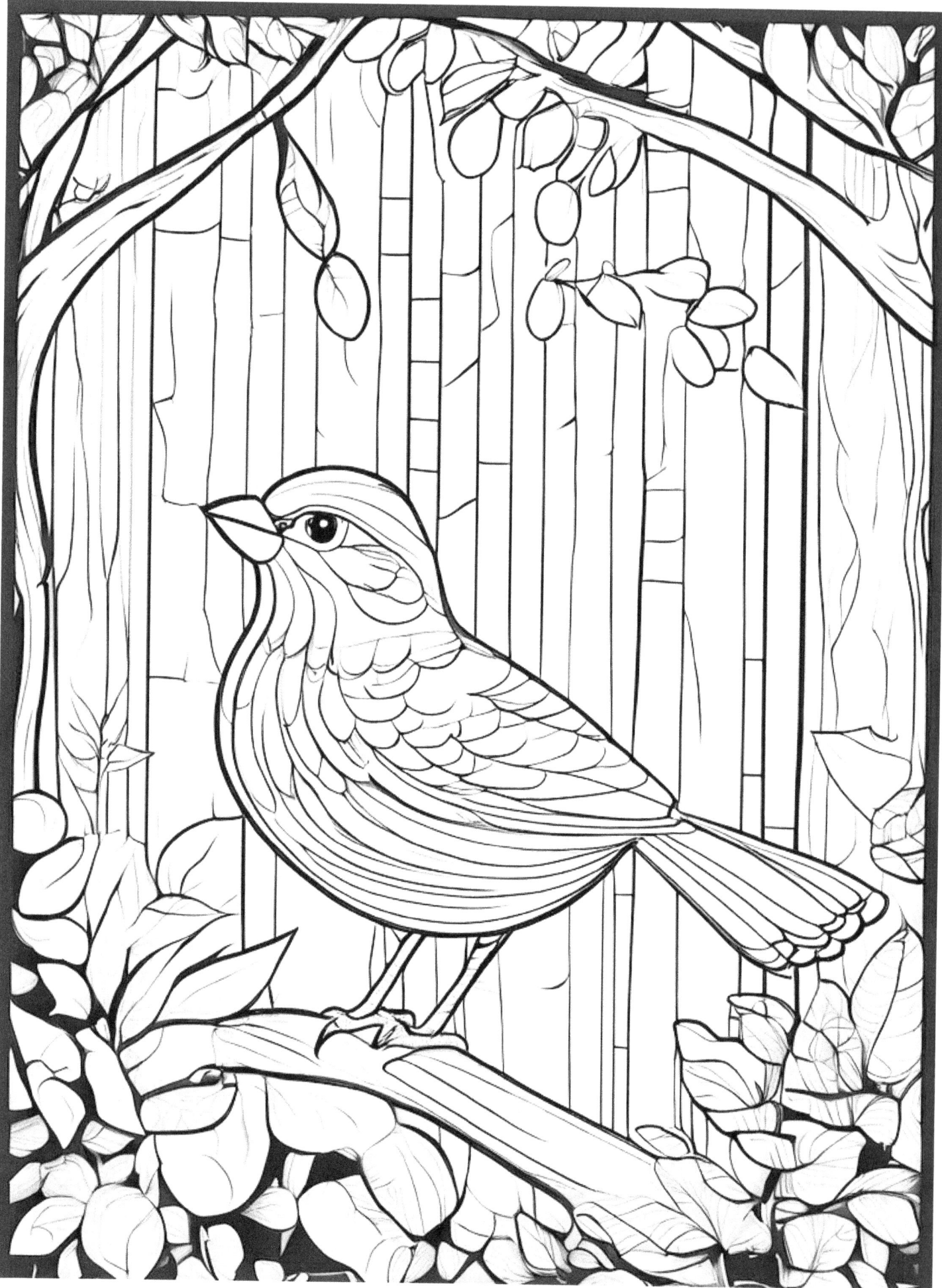

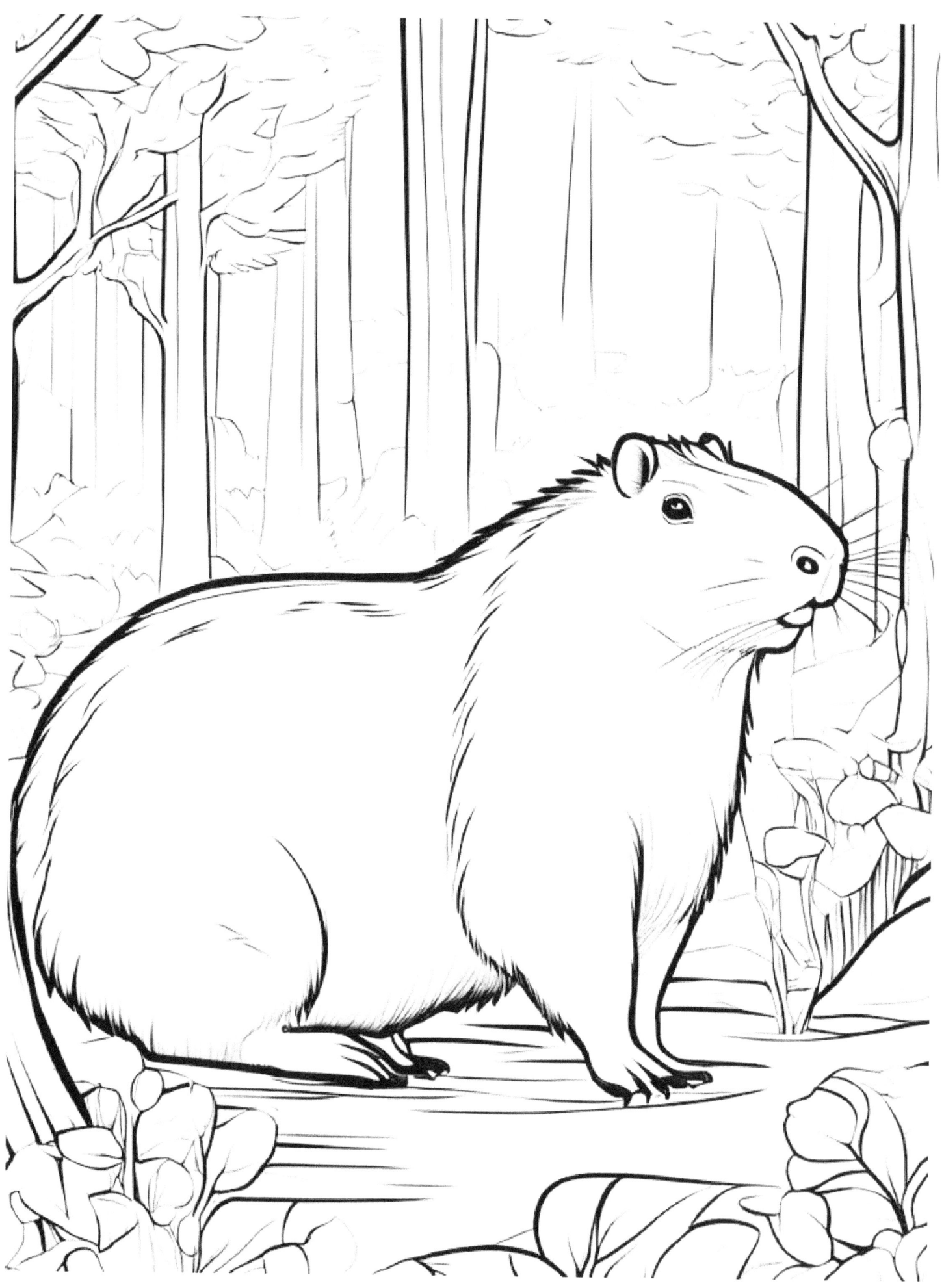

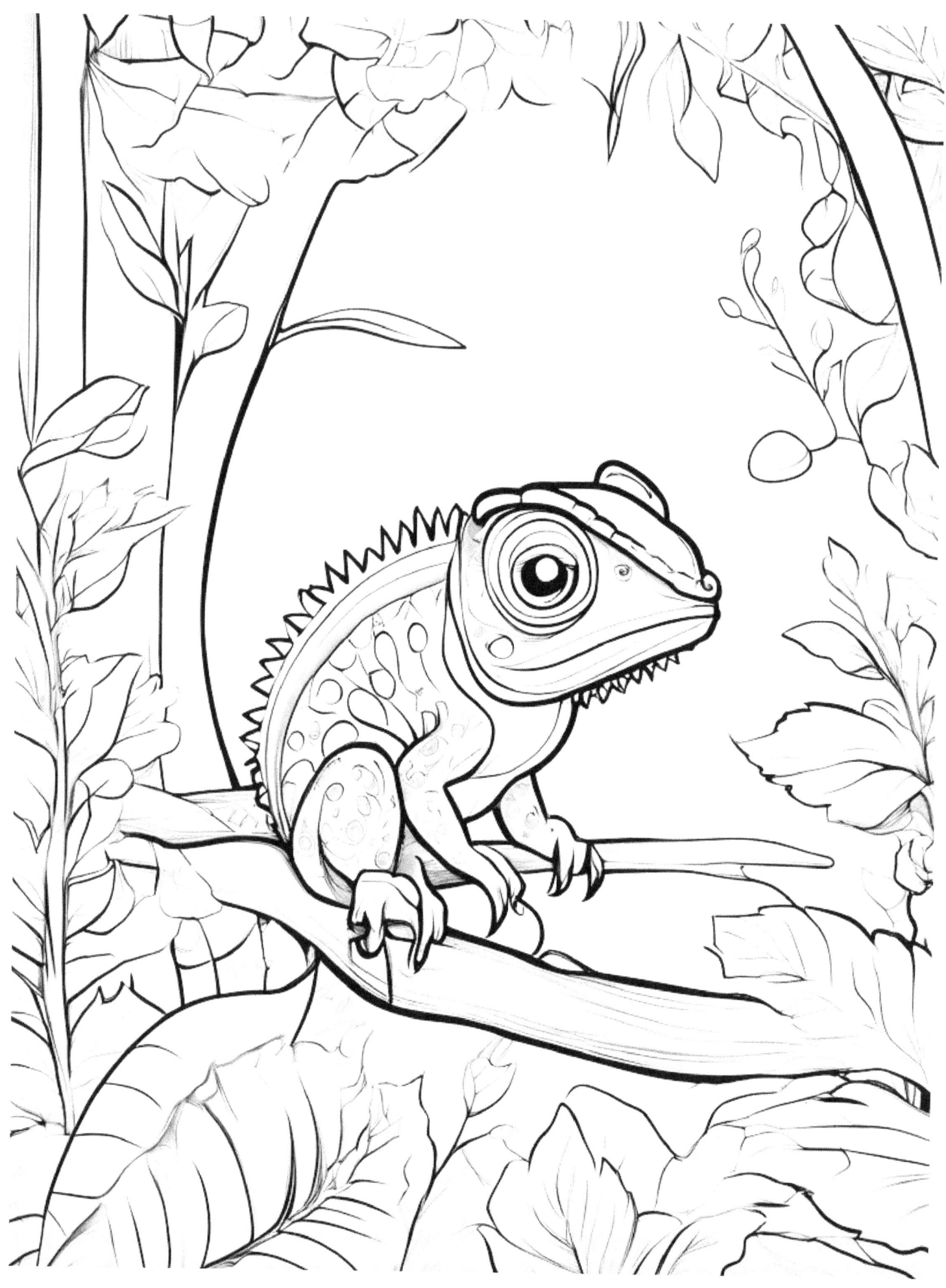

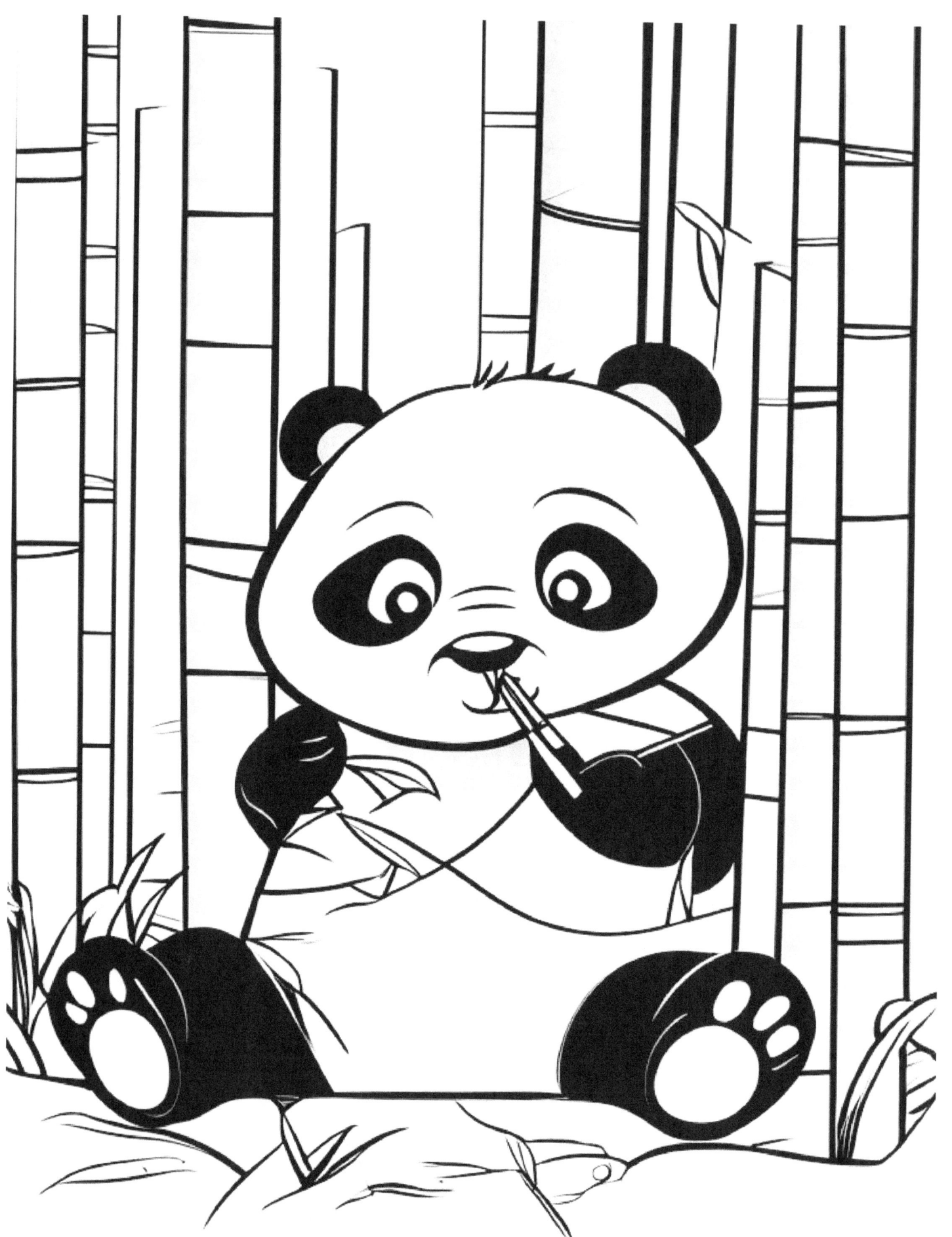

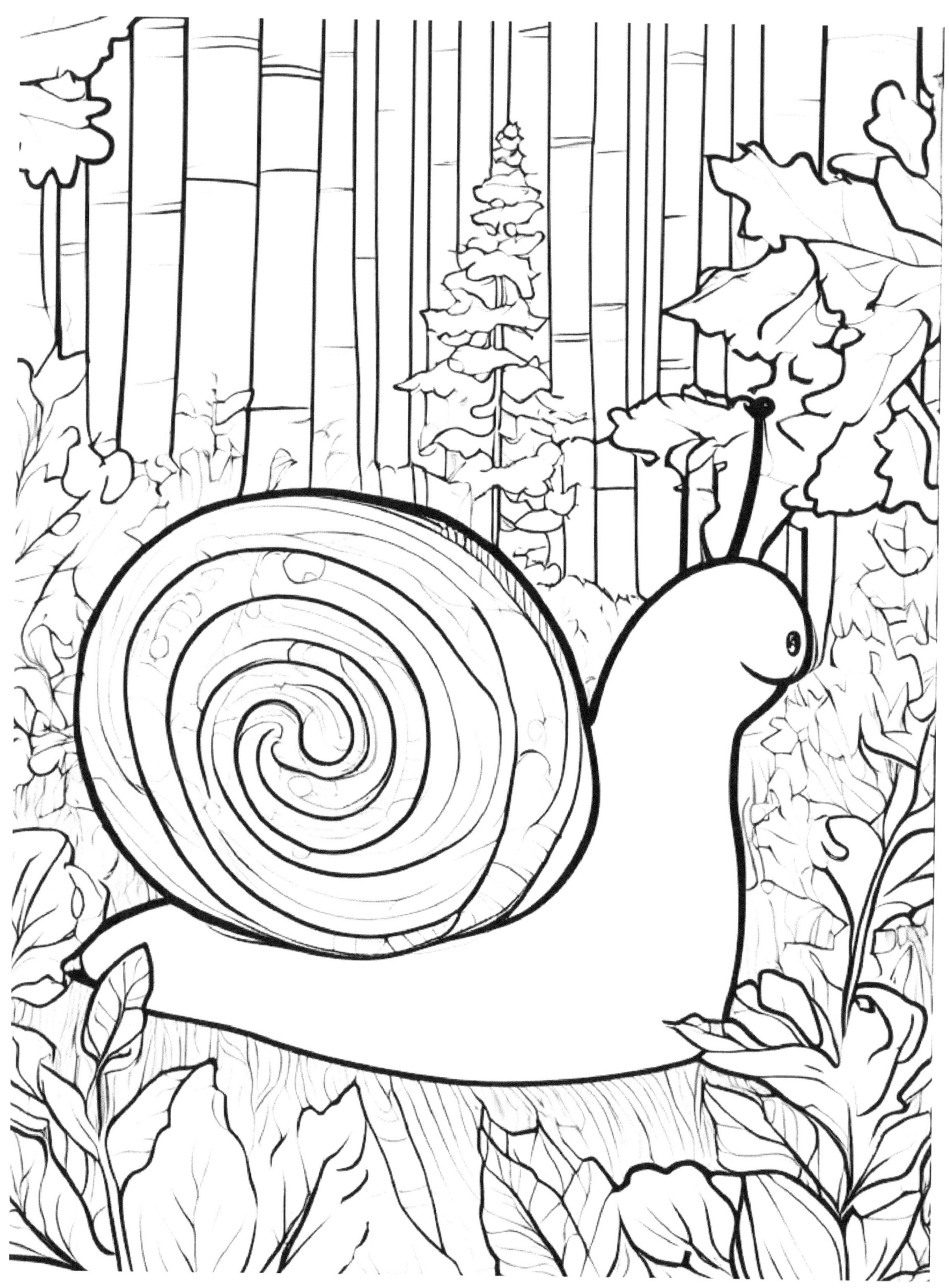

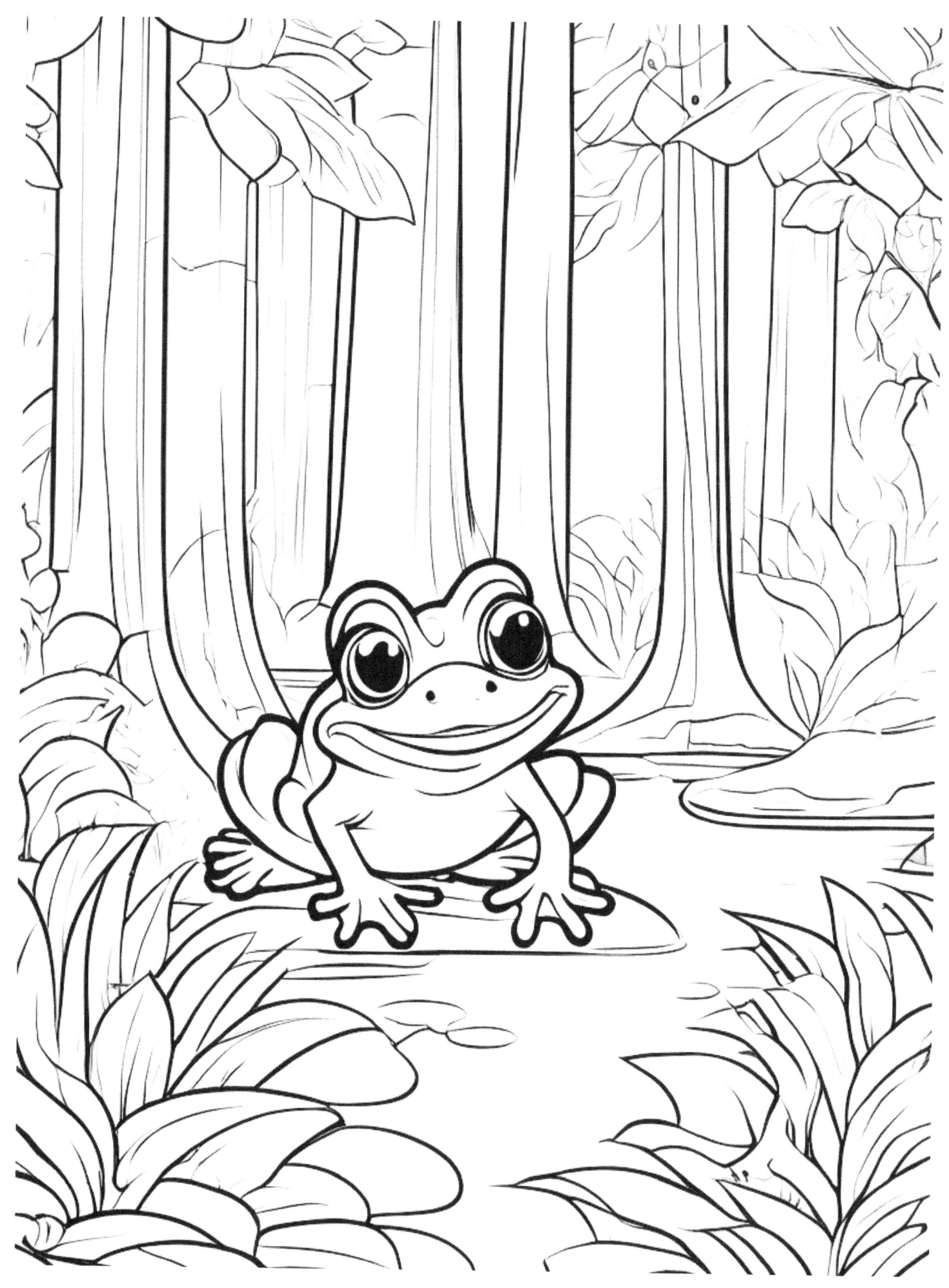

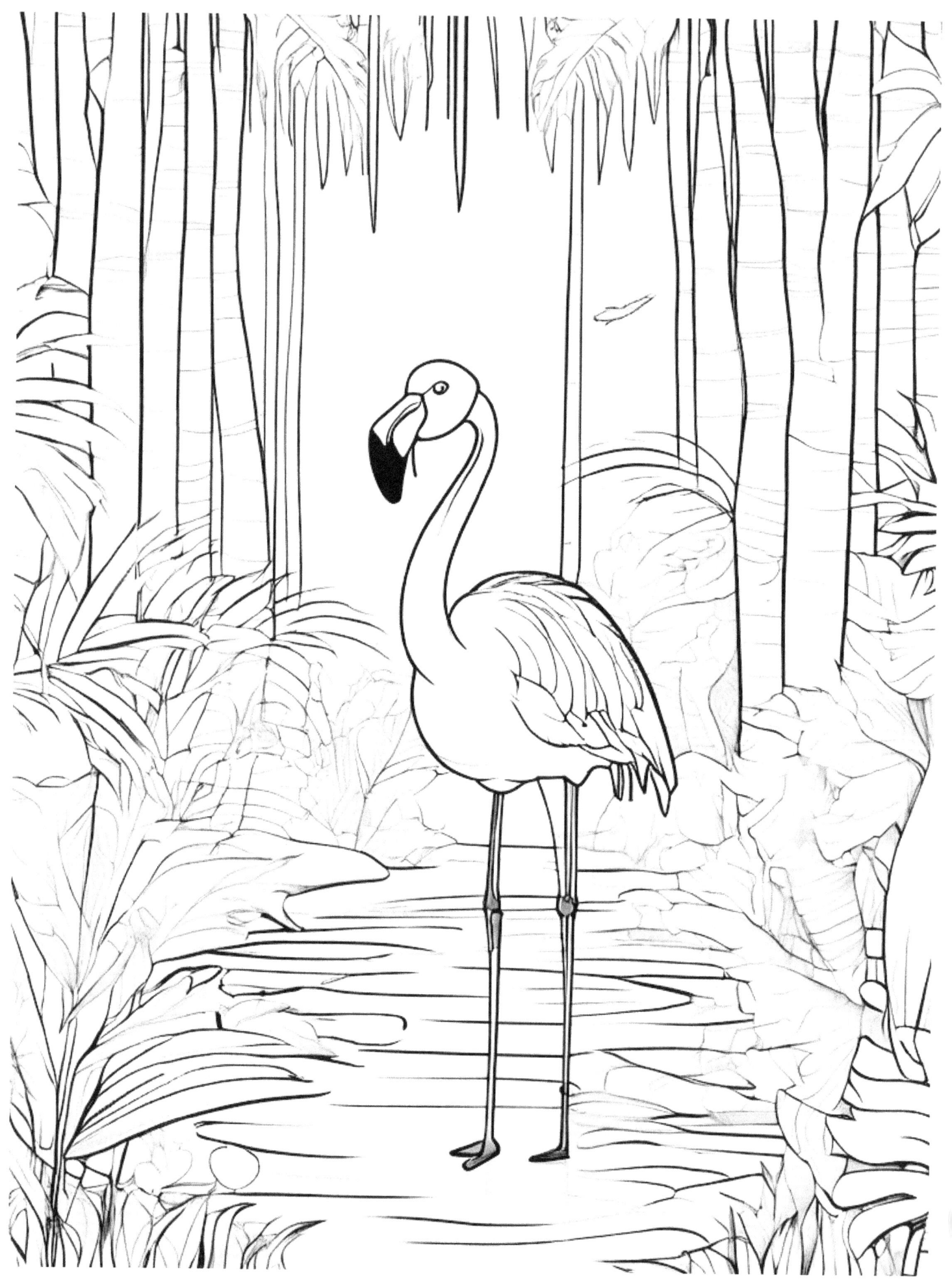

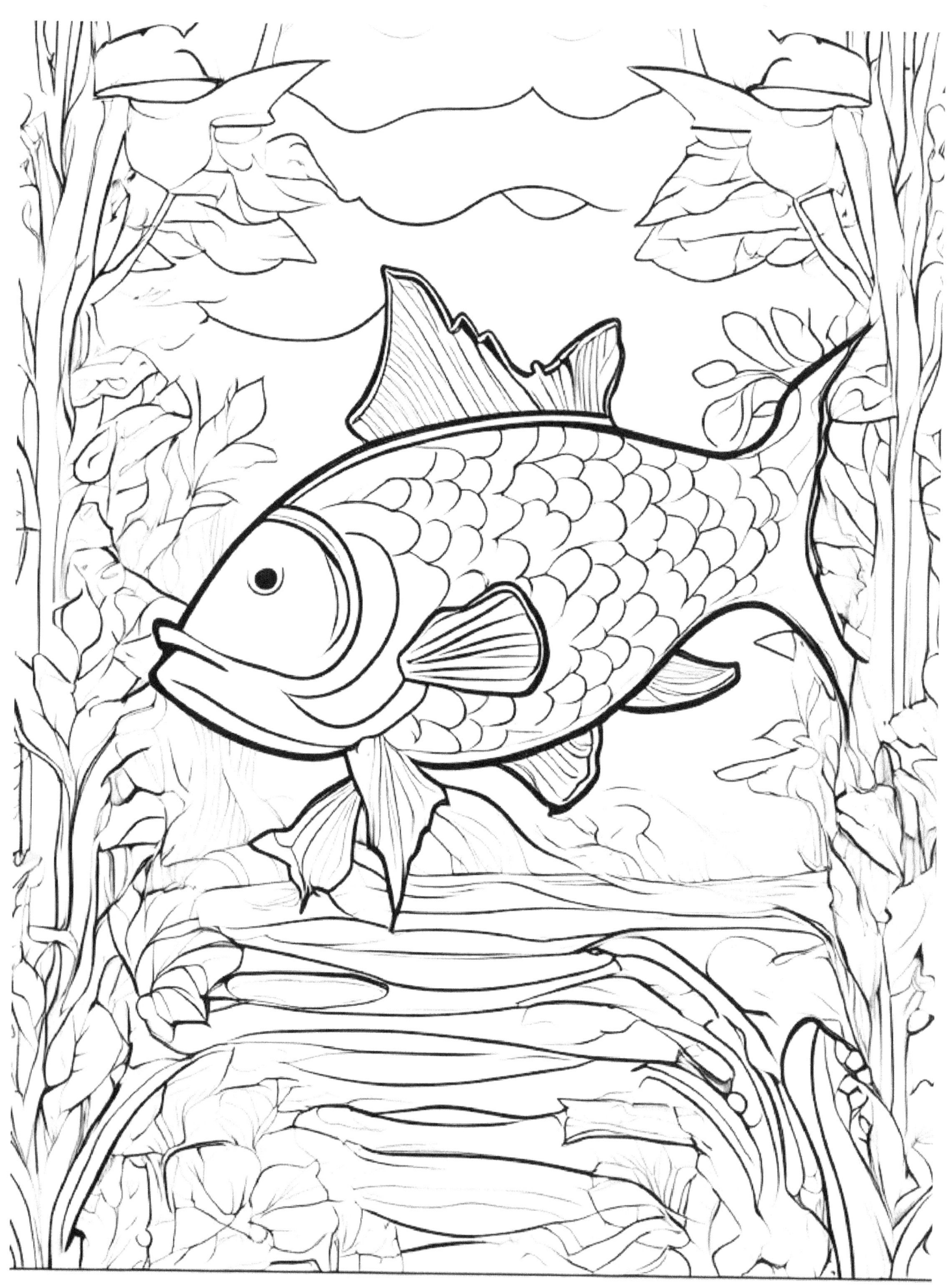

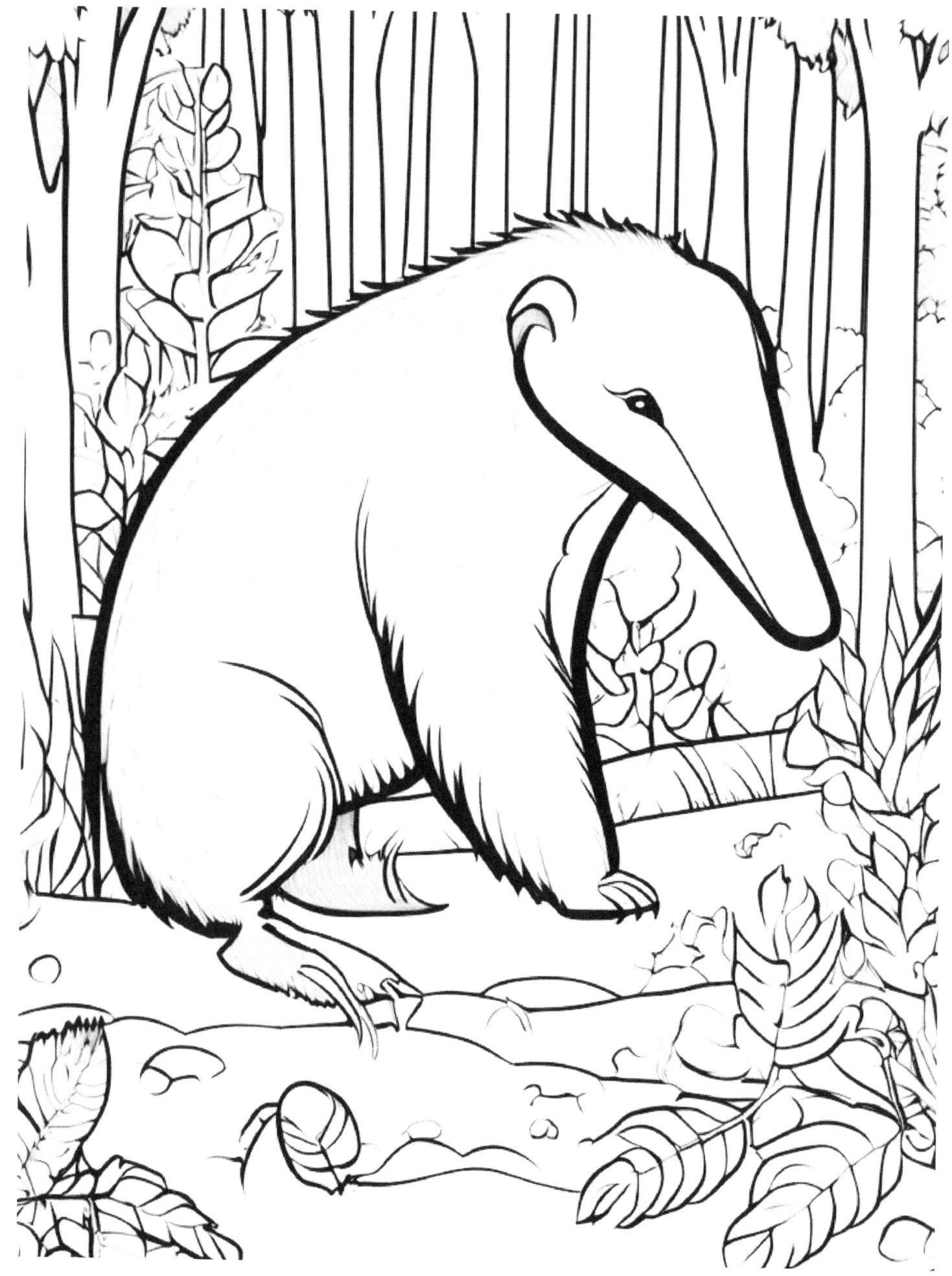

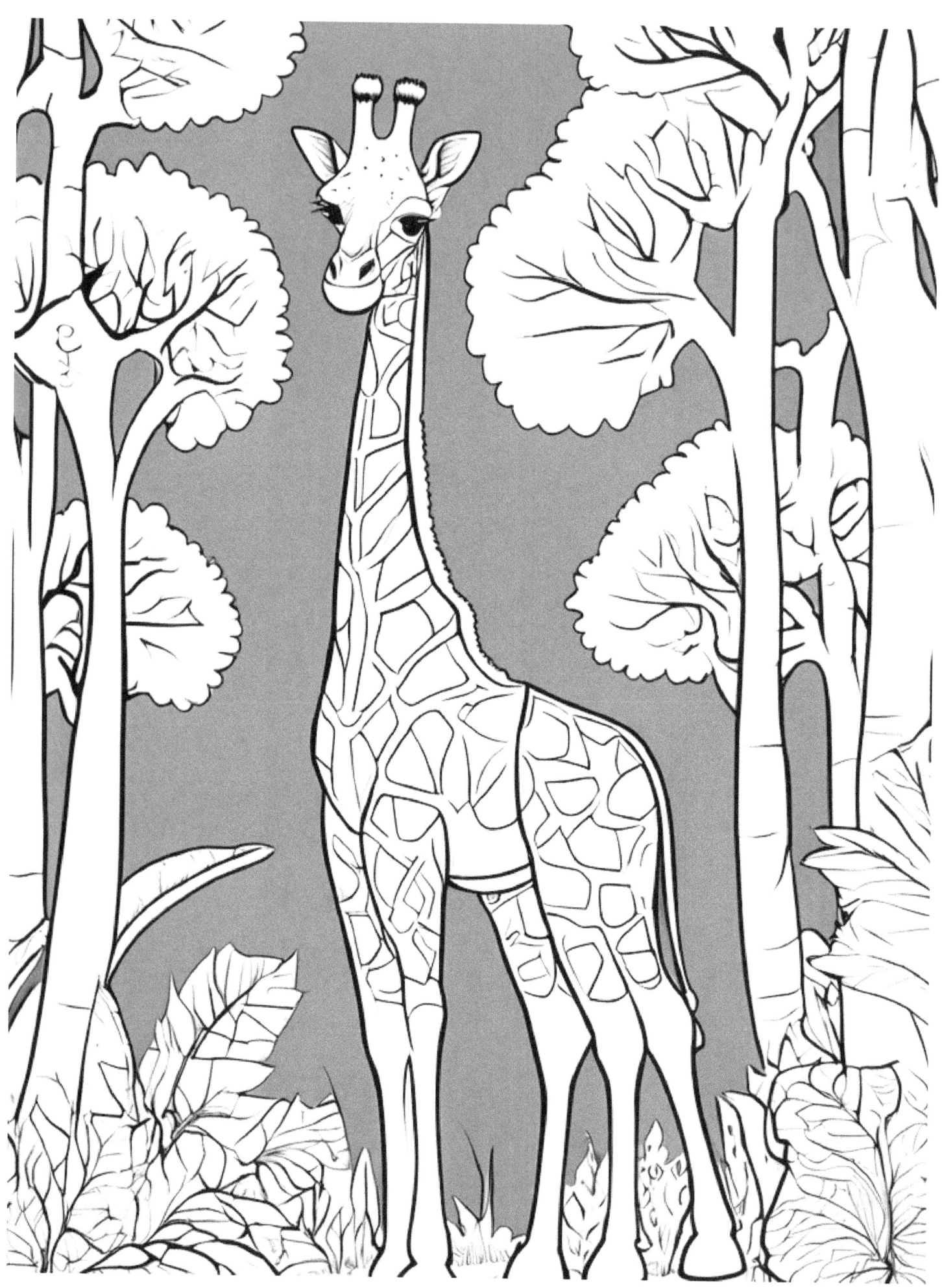

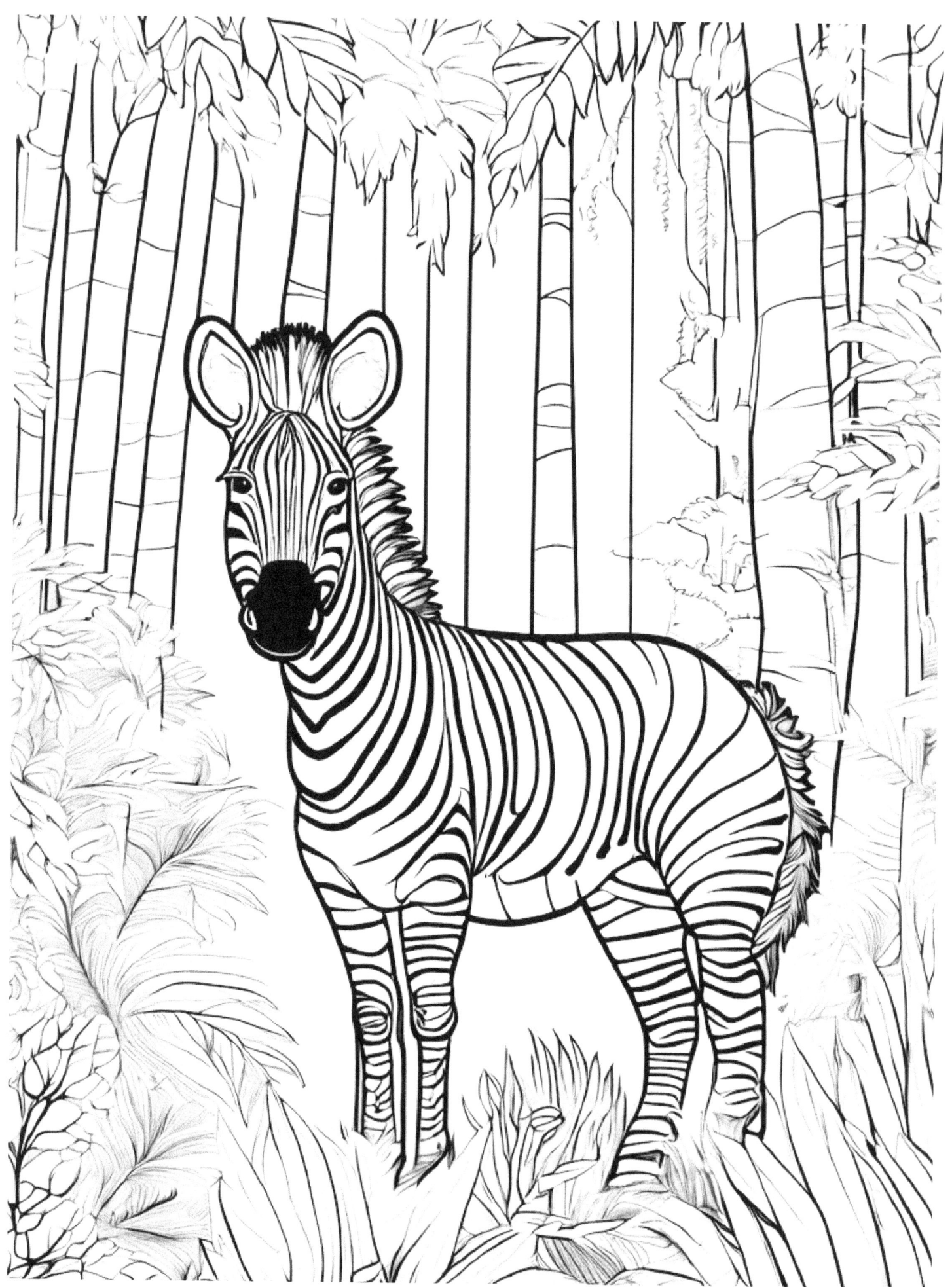

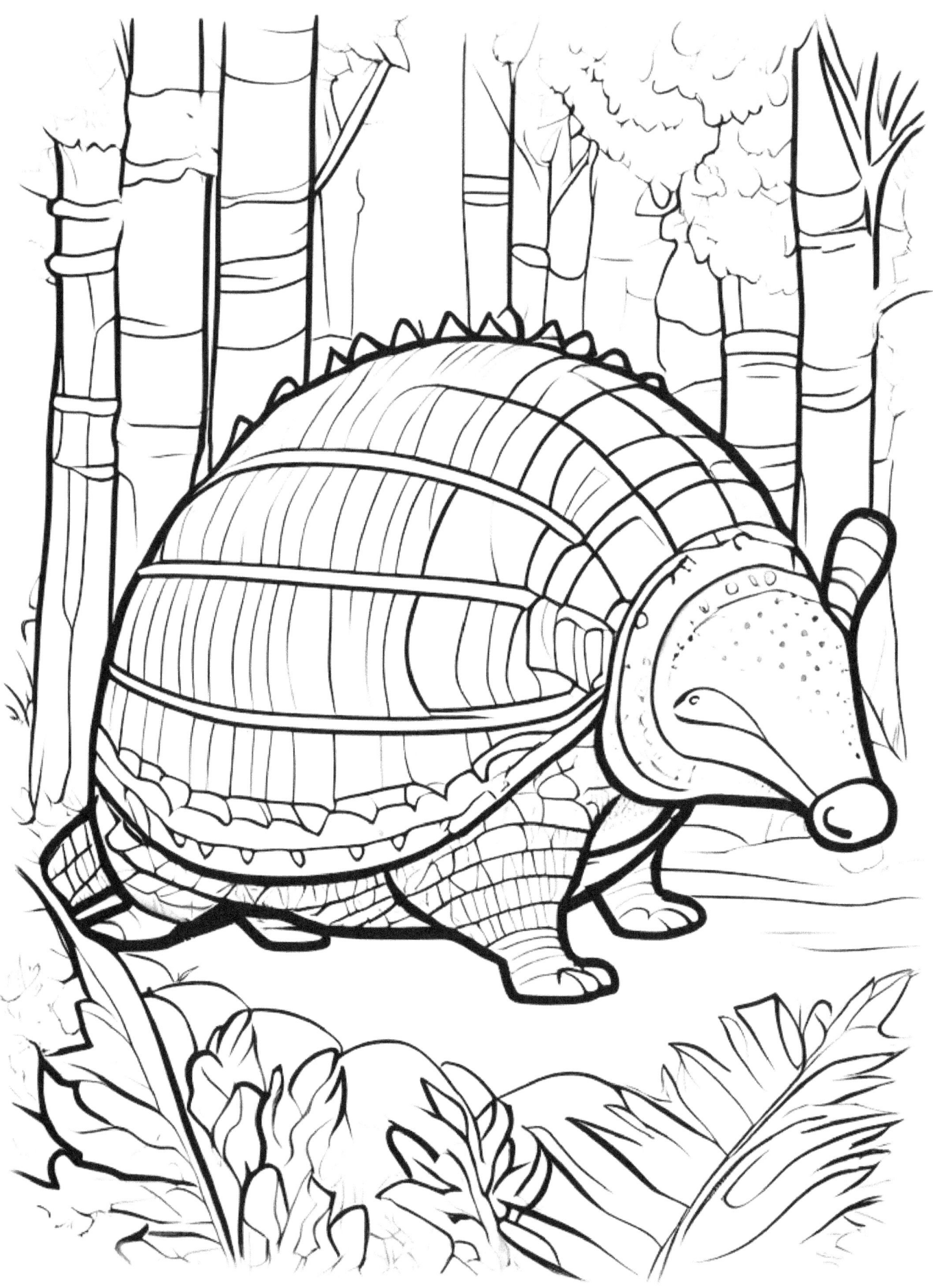

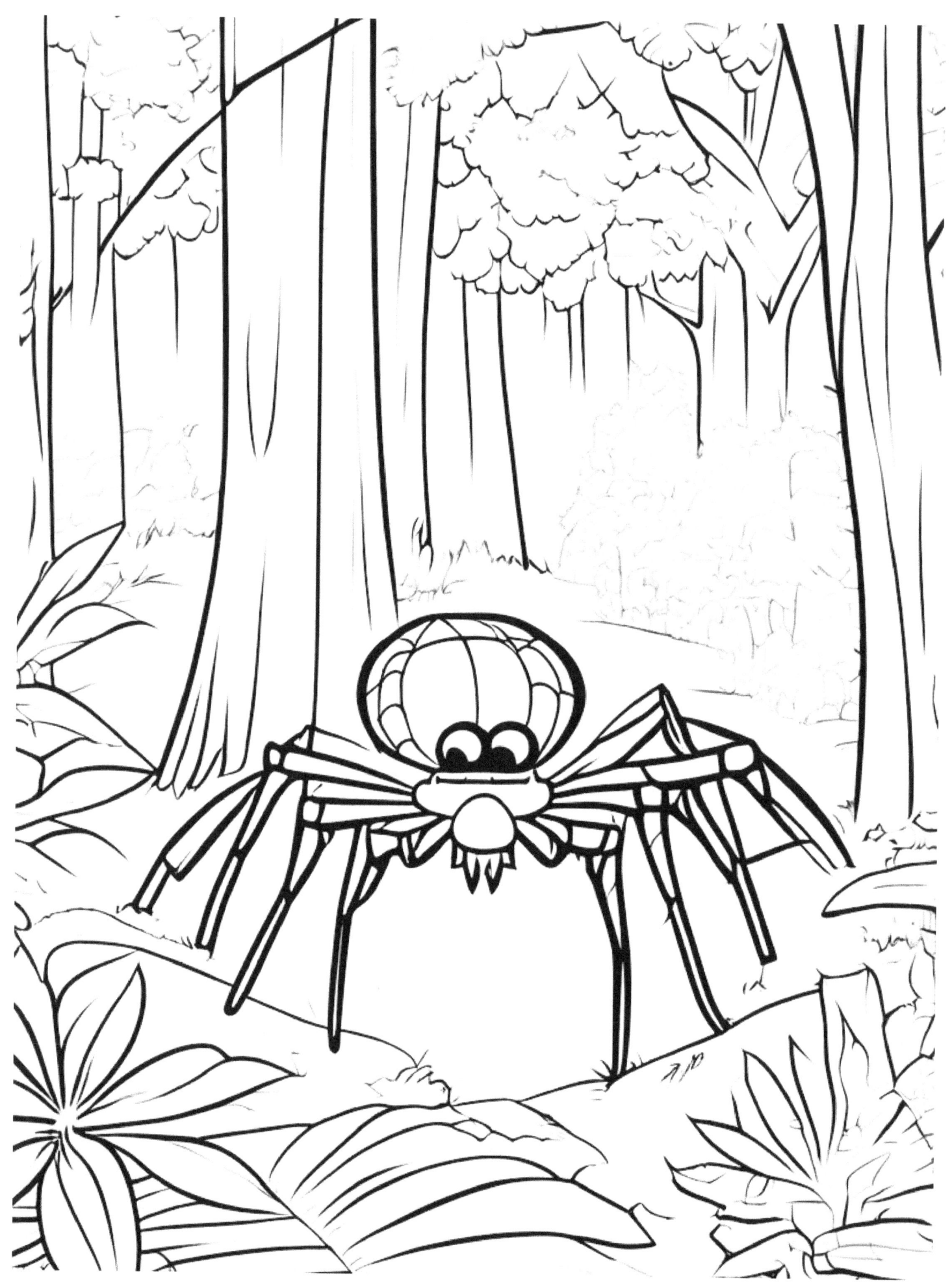

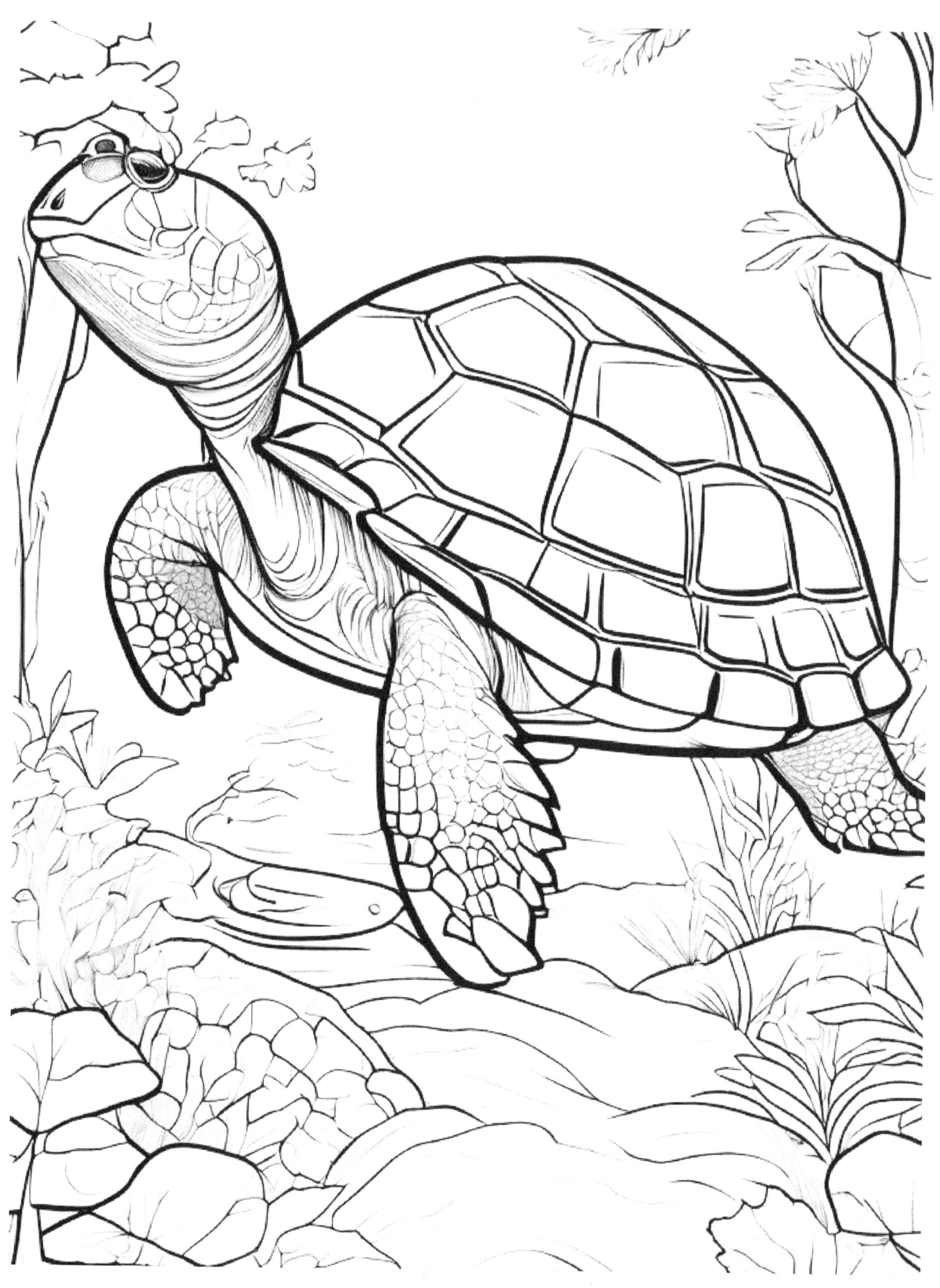

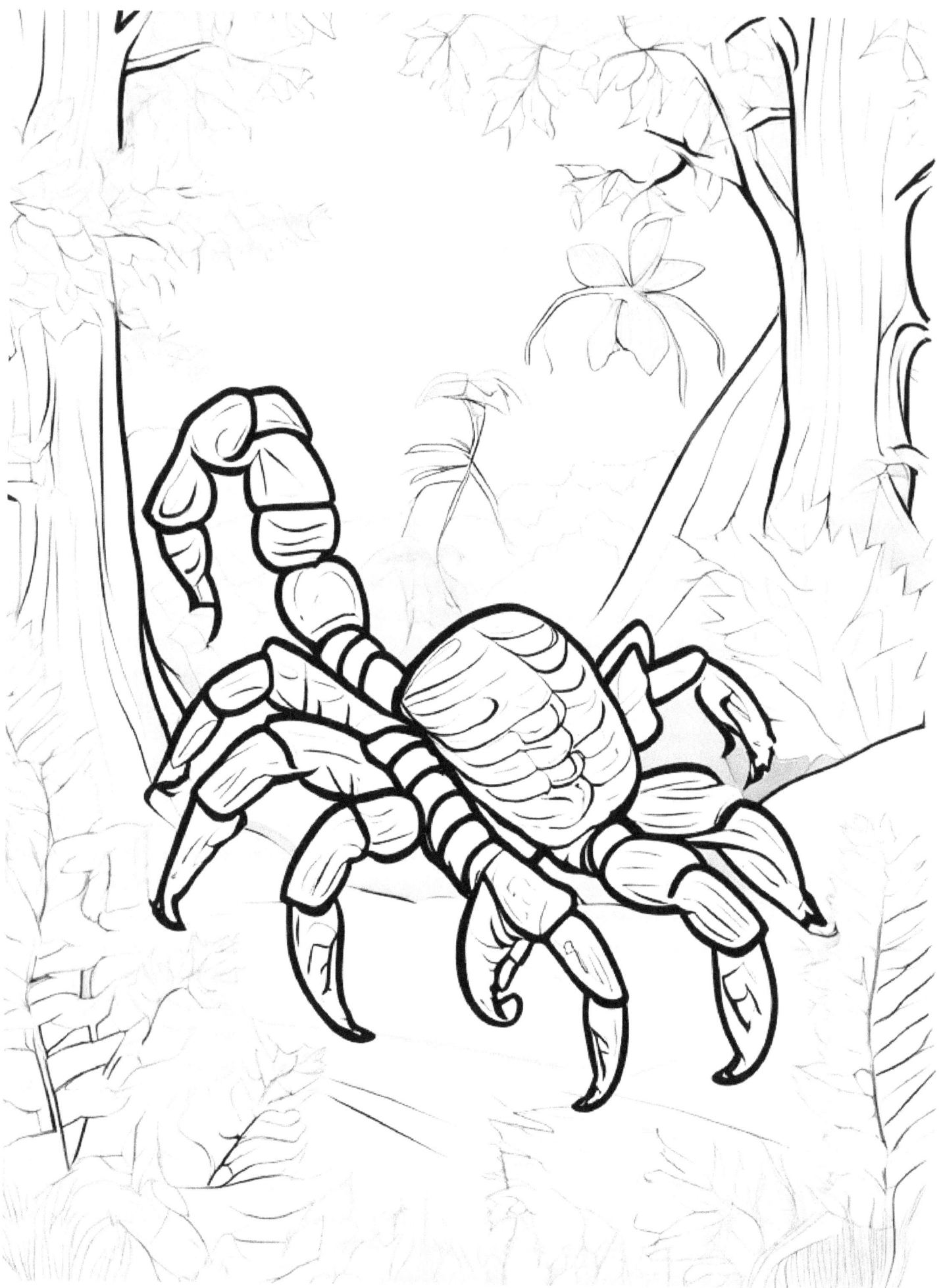

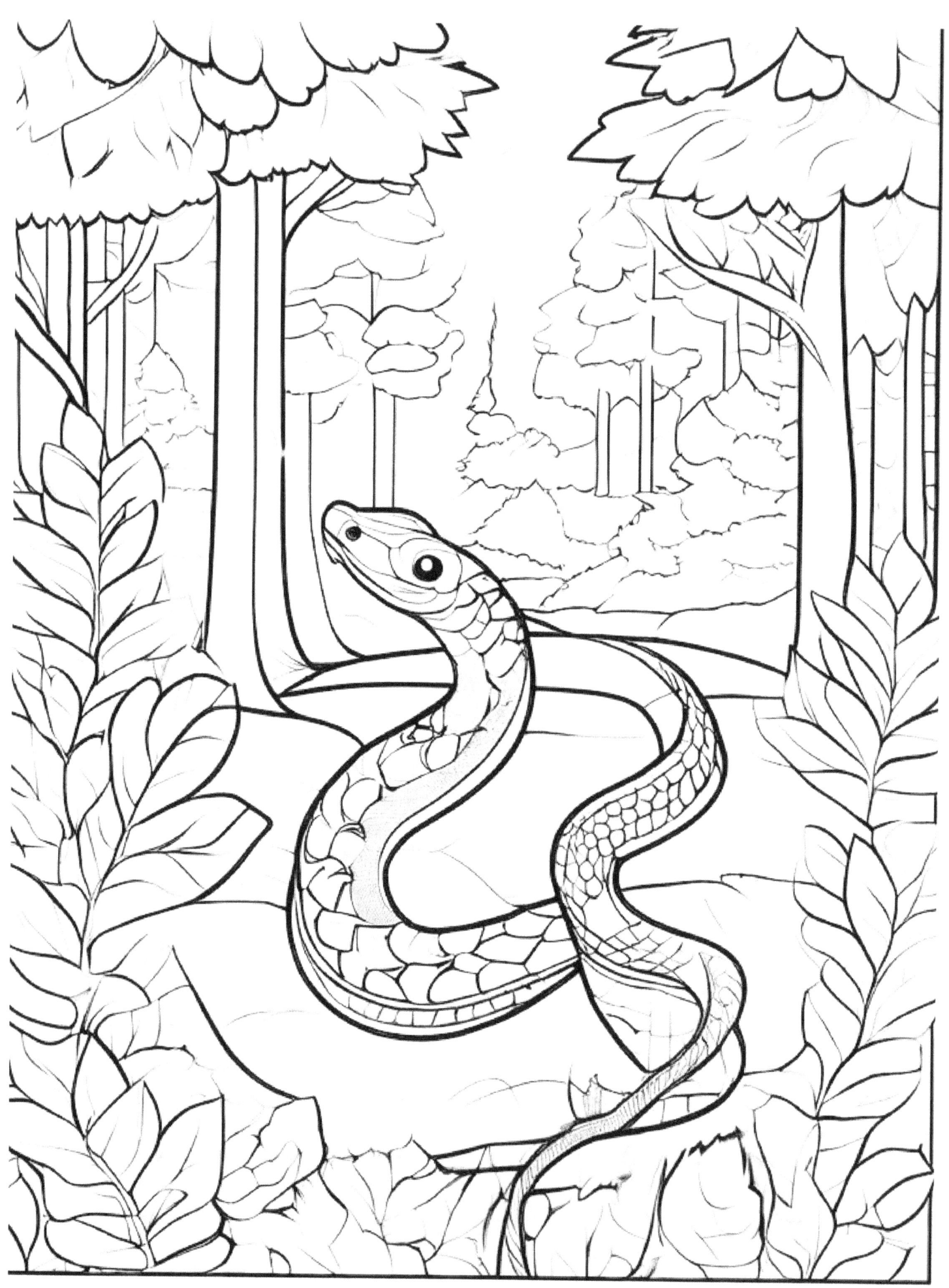

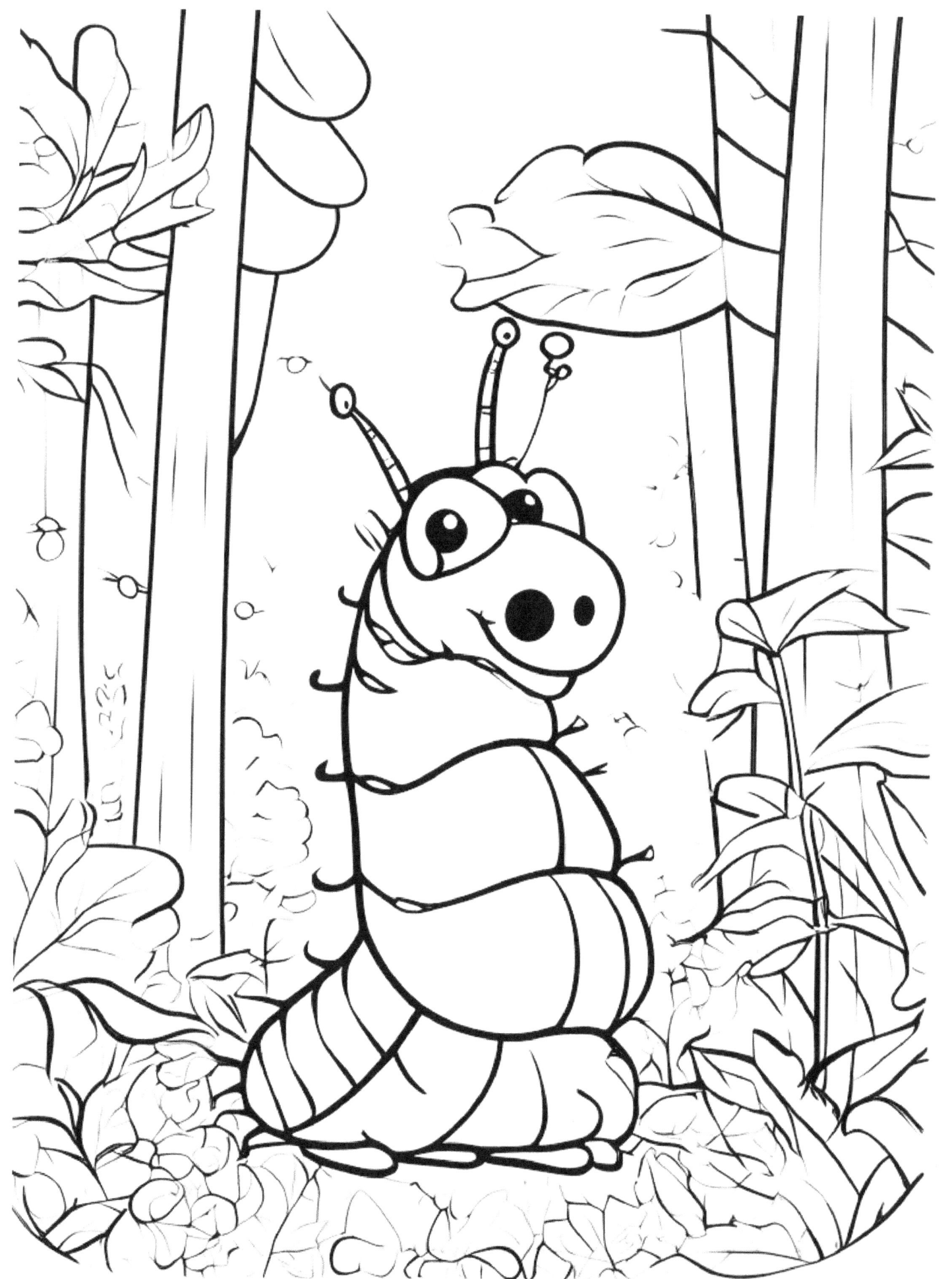

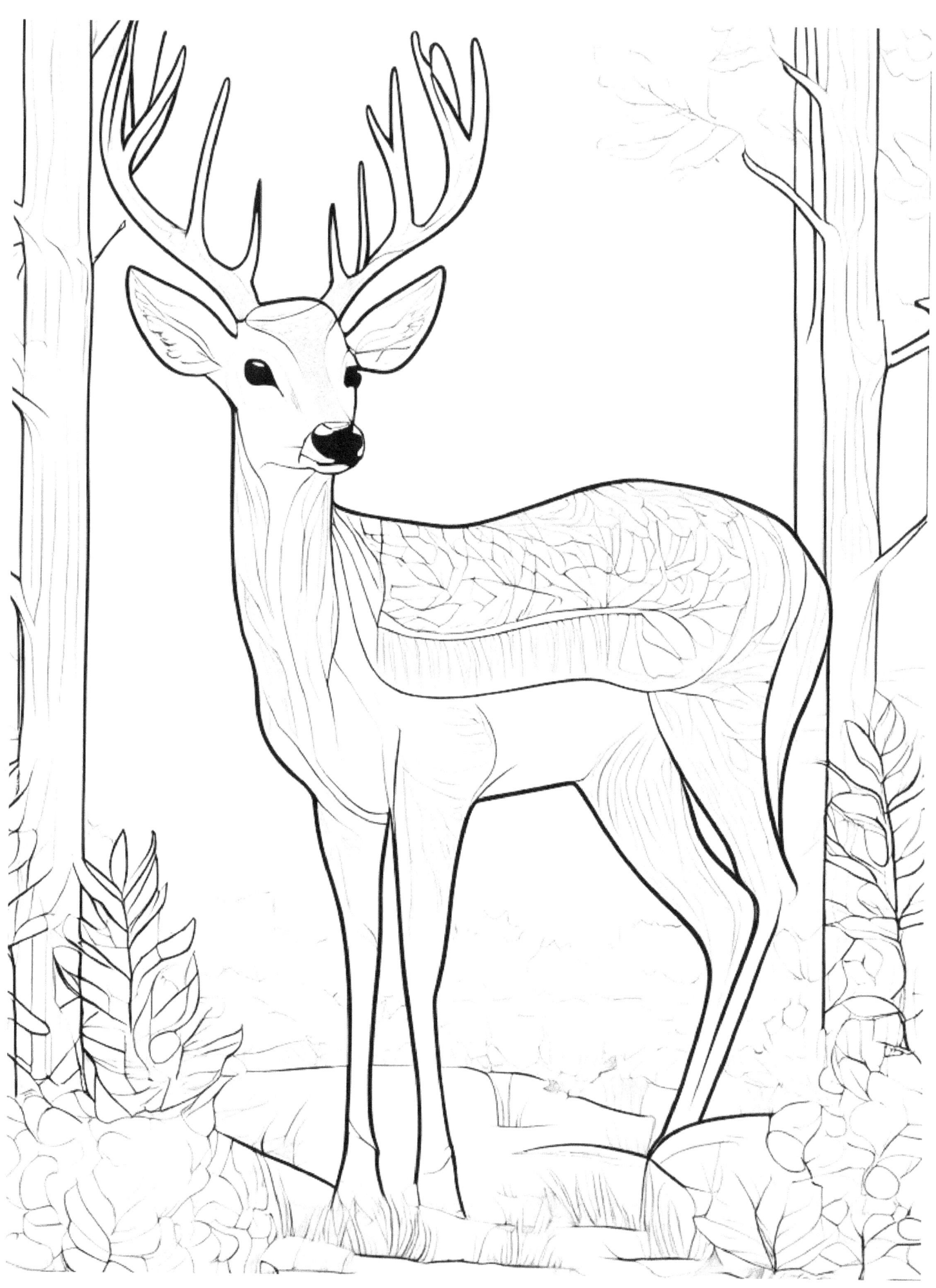

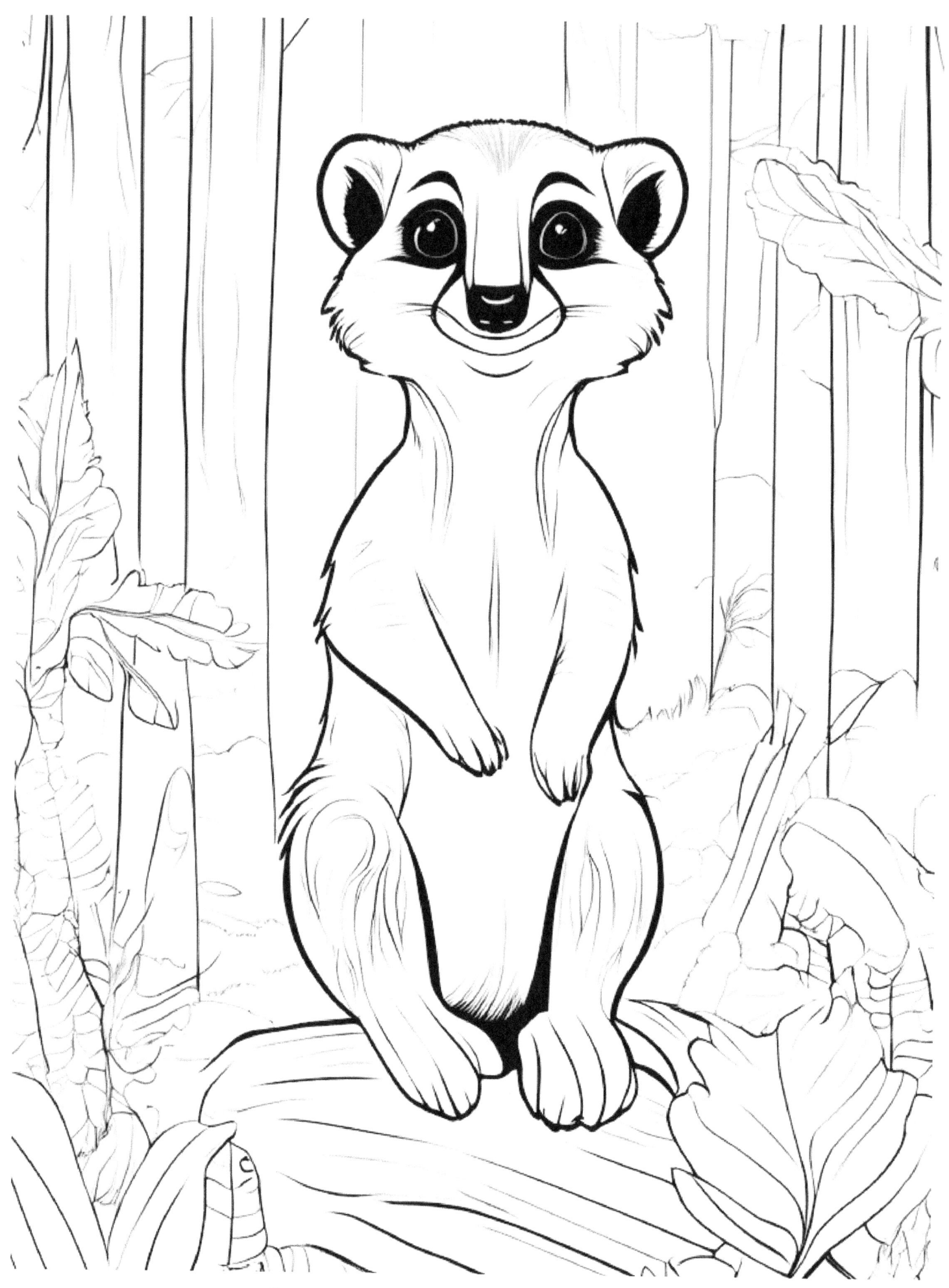

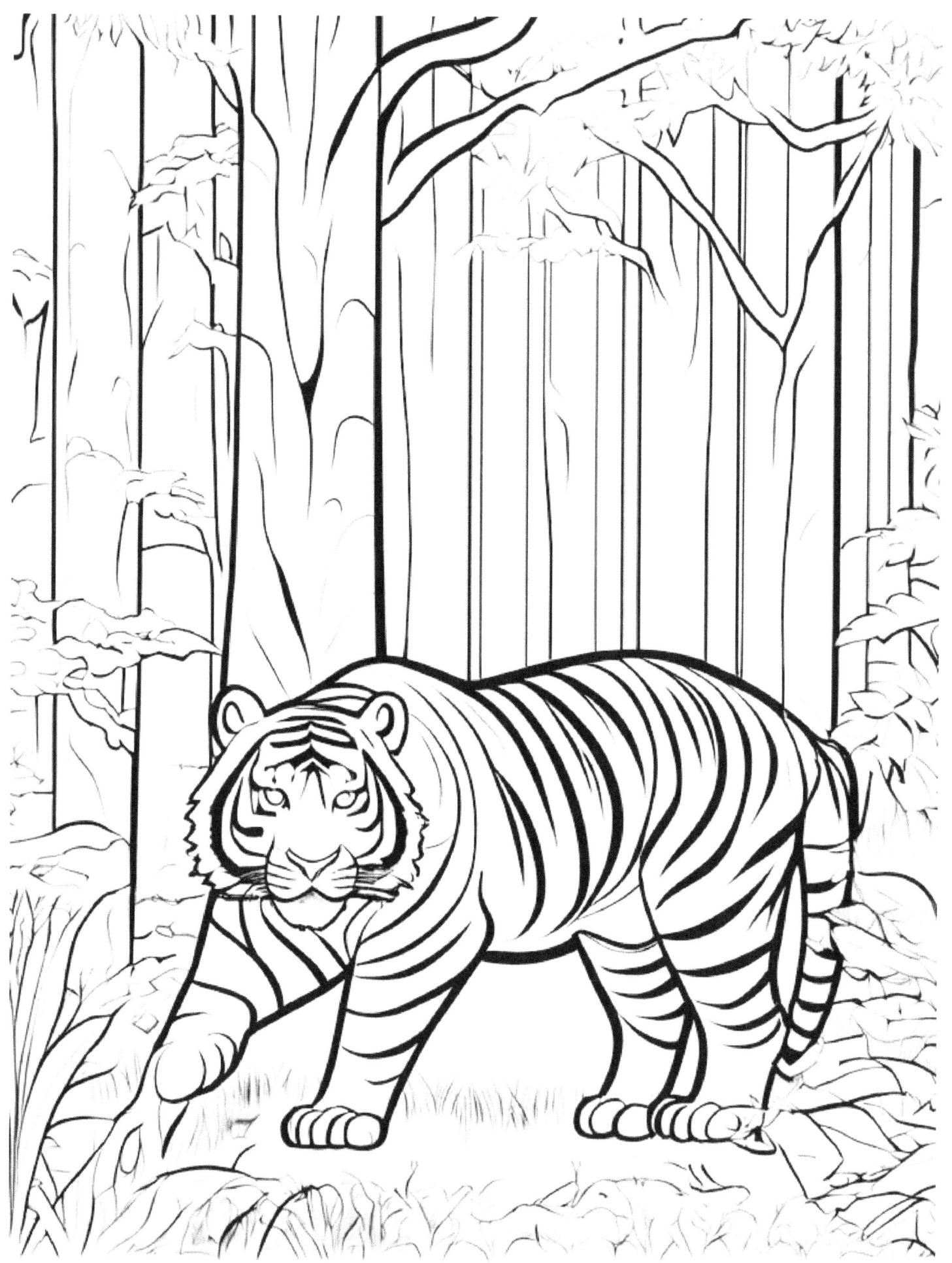

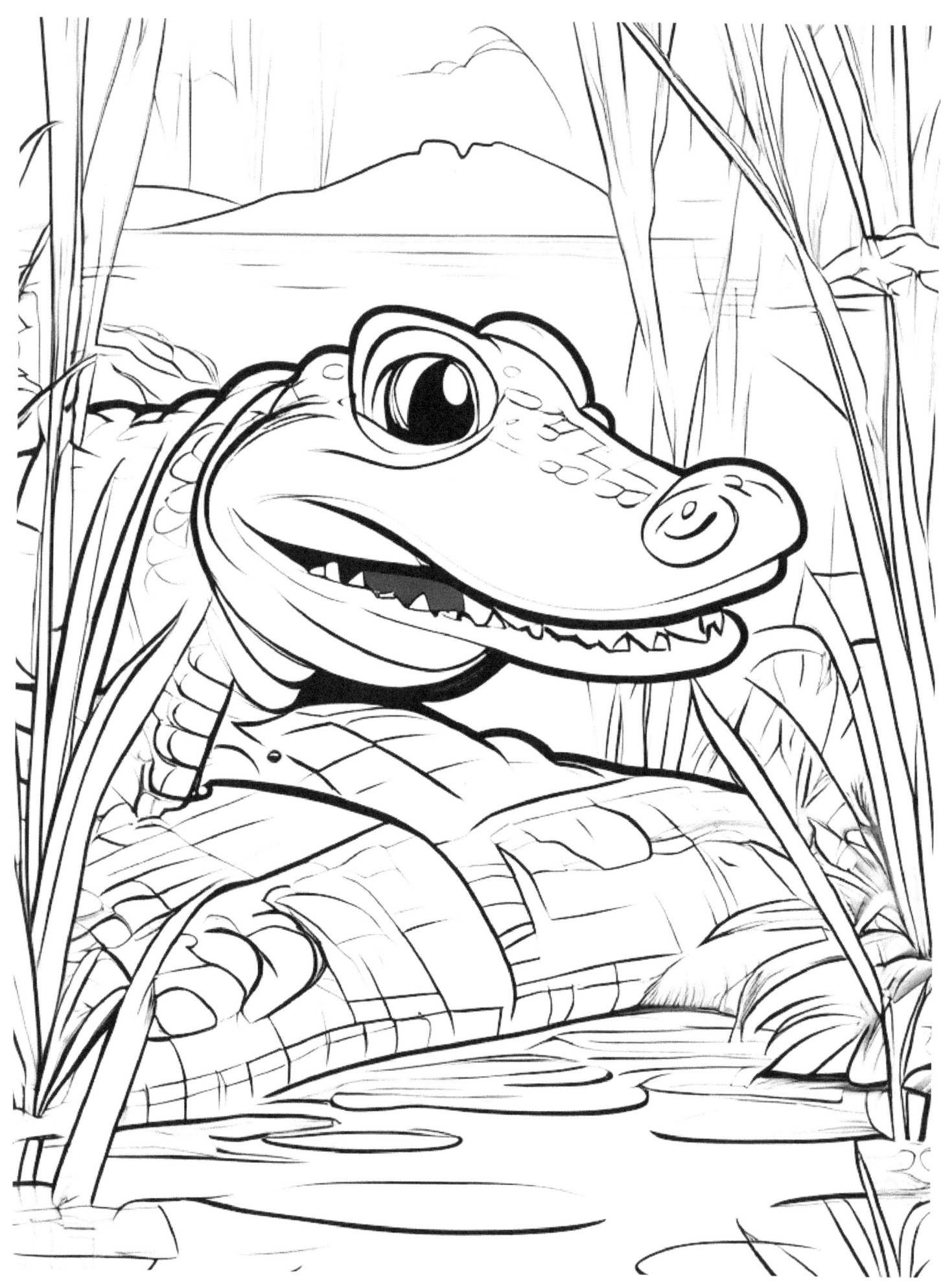

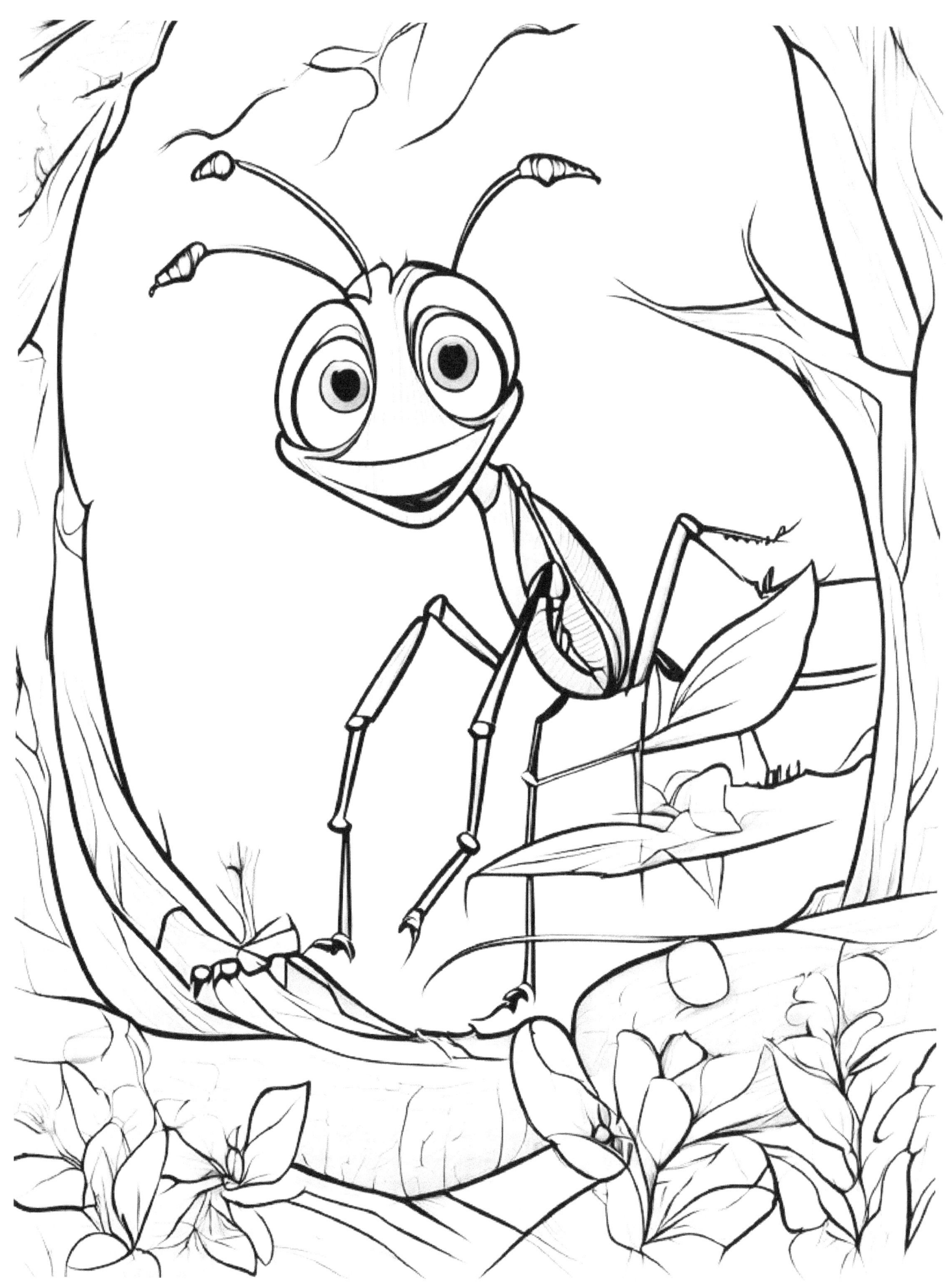

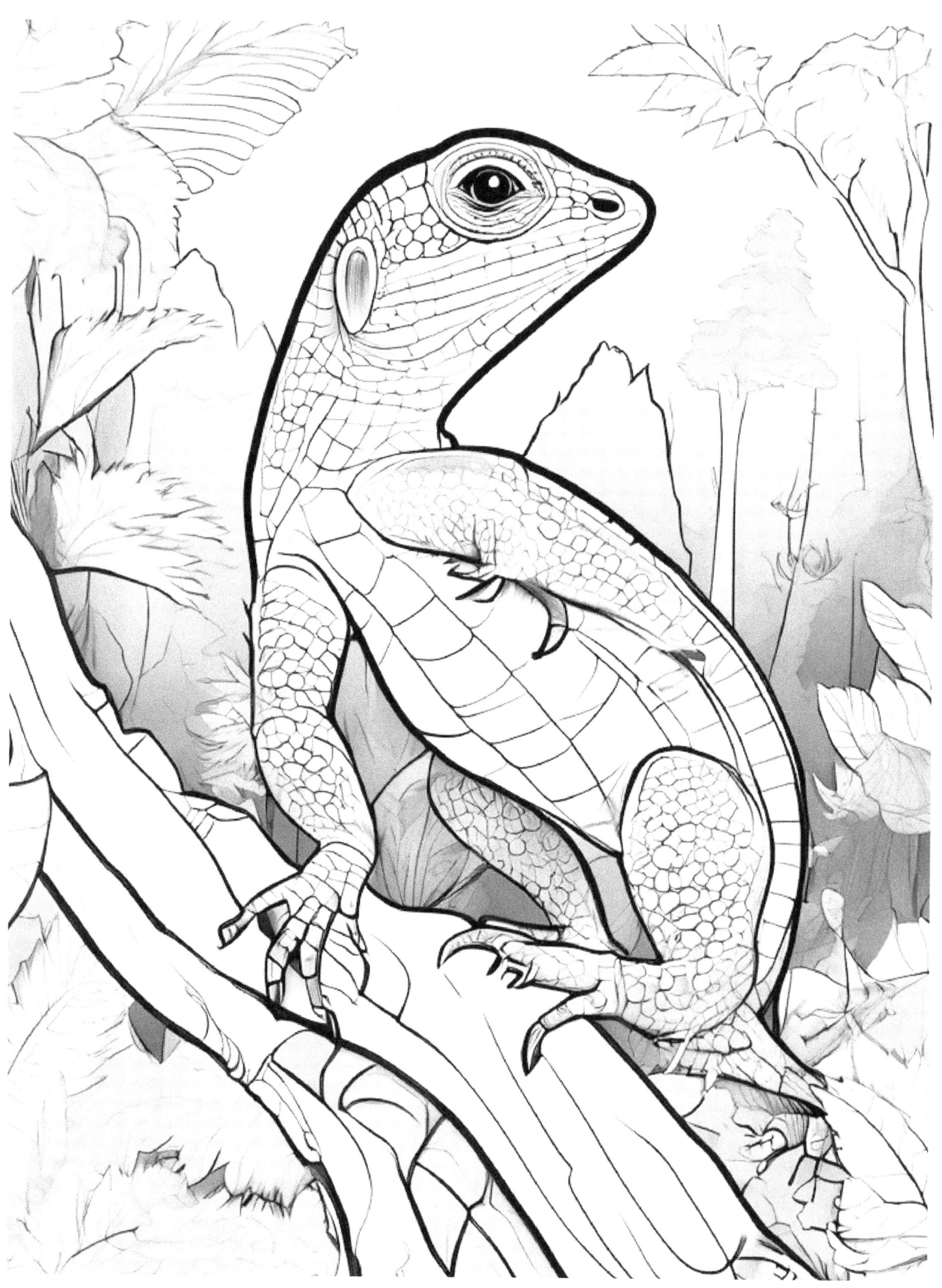

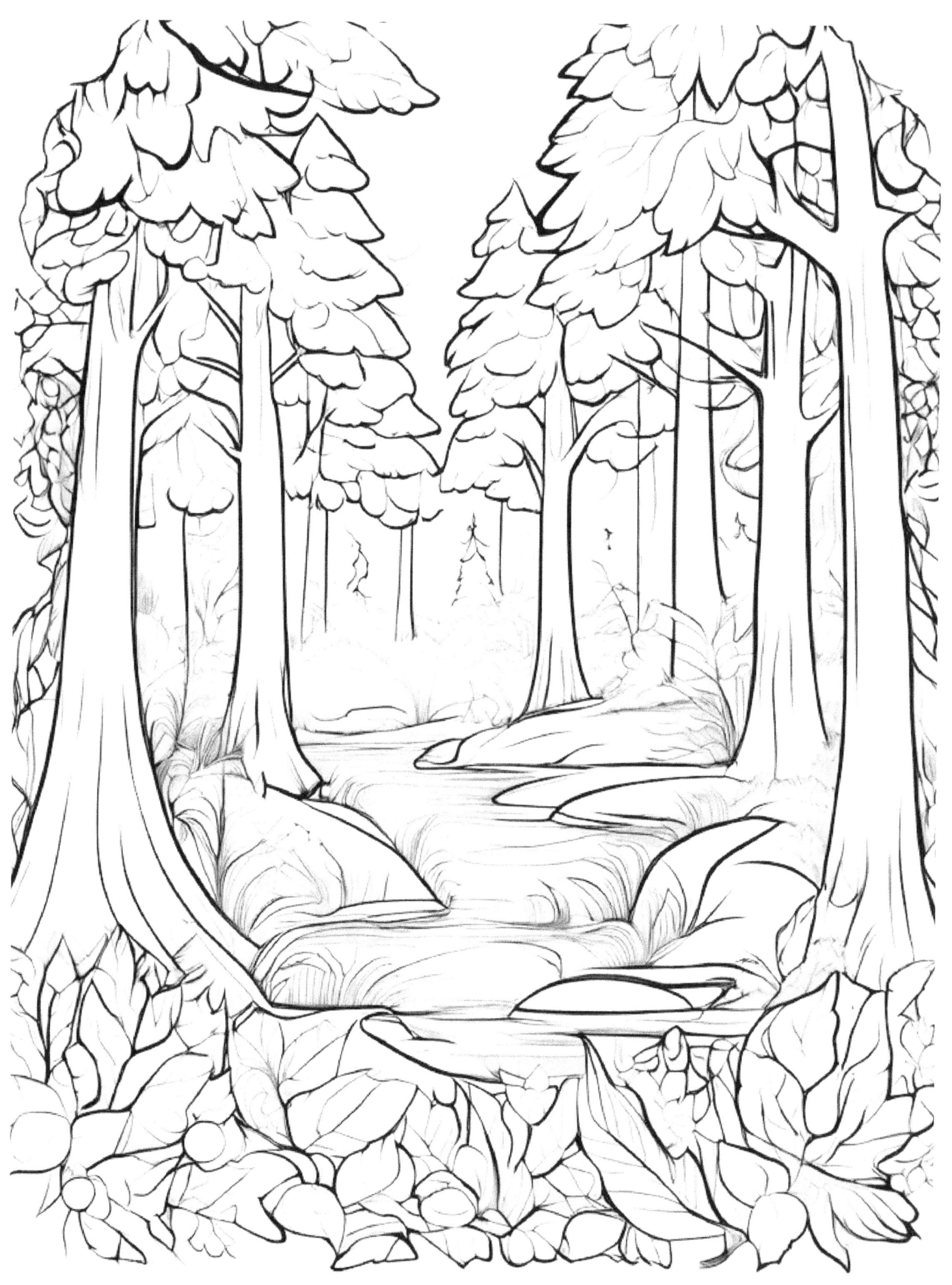

www.ingramcontent.com/pod-product-compliance
Lightning Source LLC
Chambersburg PA
CBHW081001290526
45795CB00009B/3034